自分の頭で考える人だけがたどり着ける境地

考えることこそ教養である

竹中平蔵《たけなかへいぞう》
Heizo Takenaka

Thinking: the best learning method

CROSSMEDIA PUBLISHING

はじめに ——教養とは考える力である——

「学者って頭いいよなあ。勉強して何でも覚えているもんなあ」

小泉内閣で大臣を務めていたとき、よく小泉（純一郎）さんと話したあと、そのように冷やかされました。

いつも私はこう返したものです。

「いやいや。絶対に、小泉さんのほうが頭がよくて賢いですよ」

私たち学者は、ともすれば知識だけを積み上げて記憶した〝ハードディスク〟のような存在になりがちです。大量の情報が詰まっているけれど、ハードディスクだけでは何も価値を生み出さない。


必要なのは、CPU（中央処理装置）、つまり考える力です。

CPUが、ハードディスクの中にある情報をひろい上げて計算する。そうしてはじめて、「価値」が生み出されます。

情報や知識をどのように使うか、どうつなぎ合わせて活用するか。そうした**CPU的な思考こそが、本当の意味で賢い、つまり価値あることだ**と思うのです。

小泉さんには、それがあった。

私たち学者や周囲の官僚たちのハードディスクをうまく使い、自分なりの考えを絞り出して、政策を決断する。そして、ビジョンを方向づける。サプライズ人事をする。熱のあるワンフレーズを発する……。

その結果、自民党の55年体制という、ずっと変えることができなかった体制を変革して、日本を変える起爆剤となったのです。


早いもので、あれからもう20年近くの月日が流れました。

そして思うのは、今こそ小泉さん的な本当の意味での賢さが求められているということです。ＣＰＵ的、アタマの良さです。

なぜか？

今やインターネットが隈なく普及し、クラウドコンピューティングも当たり前になり、5G回線が世界的に整備されはじめています。

誰しも手にしたスマホによって、世界のあらゆる情報に、どこにいても素早くつながれるようになったわけです。


結果、**「知識」の価値は急落しました。**

「何でも覚えている」「よく知っている」ことは、強みでも何でもなくなったのです。

加えて、世の中は大きな変革のときを迎えています。

先述したインターネットをめぐる環境変化は、その最たるものです。

刻々と進むグローバリゼーションは、あらゆる業界の競争を激化させ、ビジネス環境を大きく変えています。

そしてＡＩやロボティクス技術の発展は、「これまでの仕事を不要にする」とまで言われています。

これまでの当たり前が、崩れ去り、新しいスタンダードへとアップデートされている。そんな大きな時代の変わり目に、私たちは立っているのです。

だからこそ今、CPU的な賢さ、アタマの良さが必要になっています。

これまでとは違う世界なのだから、**過去の蓄積でしかない知識だけでは太刀打ちできません。**

いくら過去問をひもといても、正解が載っていない世の中になっているからです。

知識や経験を、どう組み合わせて、どう使うのかが、カギになるわけです。

私は、そんなCPU的なアタマの良さを「教養」と呼びたい。

ひらたく言えば、**教養とは「考える力」のことです。**

考える力が、いま多くの人に求められているのです。

見渡せば今、私たちの社会には考えるべき課題が従来以上に山積しています。

少子高齢化はとどまることを知らず、労働人口が減り続けています。

グローバル化が進む一方で、日本経済はかつてほどのプレゼンスを発揮できていません。

新型コロナウイルスの感染拡大は、ただでさえ不透明だった社会の未来像を、さらに見えにくくしています。

それは、身近な問題にも直結しています。

「AIが仕事を奪うというけれど、じゃあ、私はどんな仕事をすればいいのか？」
「価値観が多様化している中で、若い部下のモチベーションを上げるのが難しい」
「コロナ禍でビジネスが立ちいかない。上司にアイデアを出せと言われるが、何をどうしたらいいのか……？」

どれも明確な正解はすぐには見つからない、難しい課題です。

今、社会に閉塞感が漂っているのは、**そんな難しい課題が、あちこちに淀みながら散在するからでしょう。**

しかし私はこれらの問題は、あきらめずに考え続けることで、必ずや解決策に近づくことができると信じています。モヤモヤとした閉塞感を打ち破れるはずです。

ただ、それには少しコツがいります。

考えるには、それなりのツボがあるのです。

私はそのツボを探りながら、これまでさまざまな課題に取り組んできました。今は若い人たちにそのツボを探そう、と伝えています。

これからの社会を担う多くの若い人たちに、目の前の課題解決のきっかけにしてほしい。先の見えないモヤの中を歩んでいる皆さんの羅針盤にしてほしい。そう願って、本書を書きました。

「でもいったい、どうやって考えればいいのか？　そもそもツボってなんだ？」

疑問を抱いたときが、考える力をたくわえるスタートラインです。

竹中平蔵

はじめに　002

第1章　考えるとは「マイ・ストーリー」を描くこと

第2章 考えることで身につく能力

第3章 考える「型」をつくる

第4章 考える！ 実践問題

第5章 考えることをあきらめない

Thinking:

the best learning method

第 1 章

考えるとは「マイ・ストーリー」を描くこと

Chapter 1

Thinking means creating your own story

私は今、毎週、大学の教壇に立っています。2020年は新型コロナウイルスの影響で、授業をオンラインに切り替えたりもしましたが、これまで通り学生たちに経済政策やグローバル経済について講義をしています。

授業の中で私が力を入れているのは、学生たちの「**考える力**」を伸ばすことです。

一般的に大学の授業では、経済の用語や仕組みを理解し、それを正確に覚えることを重視しますが、私はそれを良しとしません。

覚えることよりも、なぜそういう仕組みになっているのか、どうすればもっとよい仕組みができるのか、などを自分の頭で「考える」ことのほうが大切だと思っているからです。

学生たちが自分の頭で考えて、自分なりの意見、結論を出していく過程を、私は「**マイ・ストーリー」を作る**と名づけ、授業でくり返し語っています。

1年ほどマイ・ストーリー作りを続けていくと、学生たちの「考える力」は驚くほど向上します。

ある学生は、1年間続けた結果、「**知的に考えるということは、とても格好いいこ**

とだと思うようになりました」と私に言ってくれました。これは嬉しかった。

彼はもう私に言われなくても、世の中のさまざまな問題・課題に対して自分の頭で考え、自分の意見を堂々と表明していくでしょう。

自分の頭で考える「マイ・ストーリー」

ではここで実際に、どんな感じで授業を行っているのかを、一つの例を用いて紹介しましょう。マイ・ストーリーを作る上で大切なのは、〝**川を上り、海を渡る**〟ことです。

２０１８年10月14日の共同通信の報道に、「安倍晋三総理大臣（当時）は消費税を8％から10％に上げることを決めた」とありました。

私は学生たちに記事を読み上げた上で、こう尋ねました。


——君たちは消費税増税に賛成？　反対？

「増税はイヤですね」「できれば避けたい」という感じで、「何となく反対だ」という人が多いわけですが、それではきちんとした議論になりません。

この問いに誠実に答えるには、まず消費税とは何か、正確に理解しておく必要があるでしょう。


そこで、さっそく「川を上り、海を渡り」ます。

川を上る、とは「**そもそもそれって何だろう?**」という成り立ち、つまり歴史的経緯を探ることです。

現在の問題は、過去の出来事につながっている場合が多々あります。また、過去の経験や歴史の中に、多くの教訓が含まれています。

一方で、海を渡る、とは「**他の国ではどうしている?**」と他国と比較することです。私たちが直面している課題は、多かれ少なかれ他の国でも存在しています。そして、解決に向けた数々の試みがなされているものです。

前者は「**時間**」という軸で、後者は「**世界**」という軸で考えるわけです。

では、まず川を上って、過去の歴史的事項を踏まえて、時間軸から考えてみます。

そもそも消費税とは、「消費することにかかる税金のこと」……ではありますが、もう少し深く考える必要があります。

実際は、アメリカの多くの州で実施している「**売上税**」（Sales Tax）と似ているように見えますが、正確にはＥＵ各国などで導入されている「**付加価値税**」（Value Added Tax）により近いと言っていいでしょう。

付加価値とは、モノやサービスに対して、企業が独自の加工をするなどして付けた新たな価値を指し、ざっくり言えば、商品やサービスを売ったとき、企業がかけた諸費用を差し引いた額です。

例えば、あるお弁当屋さんが２００円で食材を仕入れて、５００円の弁当を作ったとしたら、お弁当屋さんが生み出した付加価値は３００円になります。この付加価値に対して、数％の法律をかけるのが付加価値税で、日本の消費税もこれと同じ仕組みです。

ですから、税金がかかるのは付加価値に対してのみになります。

ただし、消費者はこうした企業の付加価値を含めたすべての合計に対してお金を支払うため、消費税は売上税と同じに見えるのです。

この時点で、ほとんどの学生が、はじめて消費税の構造を知るんですね。

そこで、次にこう問います。

――じゃあ、消費税以外の税金のこと、知っている？

消費税は増税する度に大きな議論になりますが、消費税などの間接税が日本の税収に占める割合は33％に過ぎず、残り67％、約7割が直接税です。

その直接税（納税する義務のある人・企業が直接納める税金）の代表は、「**所得税**」です。

消費税は2019年に8％から10％に上がり、その際も反対の声がたくさんありましたが、日本の所得税は最も高い税率が55％です（住民税10％含む）。これは世界的にみても、極めて高い税率です。

ただし、所得税は累進性で、お金を持っている人ほど高い割合で所得税をとられる仕組みのため、実際に最高税率55％を払っている人はごくわずかしかいません。

実は、日本人の80％もの人が所得税率10％以下なのです。

そして所得上位の4％の人たちが、所得税全体の40％以上を支払っています。


ちなみに、「海を渡ってみる」と、アメリカでは所得税率10％以下の人は、日本の8割に対し3割程度、イギリスでは1割程度ですから、一般の人に対する日本の所得税の低さがわかるでしょう。

ニュースを「読む」だけでは意味がない

ここでもう一度、「川を上り」ます。

そもそも税金は、**「簡素であること」「公平であること」**、そして**「中立的であること」**が大原則です。アダム・スミスら先人たちが議論し尽くしてきた「税の三原則」が適用されます。

しかし、日本の所得税制度は、はたして公平と言えるでしょうか？

私は消費税を増税するよりも、**所得税の仕組みを変えて、公平性を担保したほうがいい**と考えています。

そう説明すると、学生から反論も出てきます。

「でも、社会保障のために、消費税の増税が必要だと聞いています。日本は少子高齢化が進んでいるし……」

なるほど、そう考える人が多いのもわかります。

しかし、社会保障の財源は、多くの国が所得税です。

所得を再配分するのが社会保障の原理原則ですから、たくさんお金を持つ人が多く支払う所得税は辻褄が合うからです。

一方で、お金持ちもそうでない人も一律に同じ比率で税金をとる消費課税は、累進性の逆で、**逆進性**が働きます。所得が低い人ほど、所得全体にかかる消費税の割合が高くなるからです。

年収300万円の人でも、年収2000万円の人でも、ユニクロのシャツもコンビこのおにぎりも、同じ値段です。

そして、お金持ちだからと言って、皆が高級ブランドを着て、高級割烹で食事するわけではありません。

要するに、社会保障のために増税が必要ならば、所得税を上げたほうが理論的にはふさわしいですよね。

それなのに、どうして**所得税ではなく、消費税を増税するのでしょうか?**

これは別の思惑があるのではないか――。

私ならば、そう考えます。


税金を集める役所は国税庁とその出先の税務署ですが、税金をいくらにするか決めているのは、財務省の主税局です。

主税局の人は賢いですから、日本人の8割が所得税を10%しか払っていないことを当然、知っています。社会保障のために税金を増やしたいなら消費税よりも、所得税を上げるのが筋なことも、よくよく理解しています。

しかし、**所得税に手をつけると、その8割の日本人、所得税率10%以下の人たちが、**

みんな怒って、政治的に大反対を受けることになる。

だから、一見、公平に日本人全員に同じ税率をかける消費税を上げましょう、と動かしやすいところから税制改革に手をつけているのではないでしょうか。

他の国に比べたら日本の消費税は低いから、そこを上げましょう、と言われたら、ちょっと反論しにくいですからね。

これが私の「**マイ・ストーリー**」です。

たった1行のニュース記事をもとに、「なぜそうなのか？」「そもそも、どうなっているのか？」と考えを展開していき、自分なりに出した答えです。

逆に言えば、**1行のニュース記事をただ読んだだけでは、何も生まれません。**

情報を情報として受け止めるだけでなく、その裏にある事実、データ、歴史、関係性を料理の材料のように並べる。

つまり、〝川を上り、海を渡る〟のです。

その上で、自分の中に蓄積された経験や肌感覚をスパイスにして、考えを巡らせて、ときに妄想などを含めた上で、はじめて「マイ・ストーリー」はつむがれる。

そのために具体的なニュースや話題をテーマにして、毎回、そのための議論を私が学生たちに〝ふっていく〟というわけです。

なぜ今、私が若い学生たちにこんな授業をしているか。

「マイ・ストーリー」で語る力を求めるのか。

その解は、いくつかありますが、一つは何よりも、**「覚える」ことの価値が暴落したからです。**

教育の「促成栽培」を続けてきた末路

より多くのことを、より正確に覚える。

かつては、そんな**記憶力に長けた人こそ「頭がいい」と言われました。**

明治以降、日本の教育制度が〝促成栽培〟教育を積み上げてきた結果です。

明治維新によって、遅れて国際社会にデビューした日本は、早く欧米列強に追いつく必要がありました。

植民地として支配されることを避けるため、欧米各国と渡り合っていけるような、エリートに見える人材を育てることが命題となりました。

だから先を行く欧米の知識をとにかく詰め込む、暗記重視の勉強法がスタンダードになったのです。


「フランス革命は1789年に起こった」

「化学式は『スイヘイリーベボクノフネ』だ」

「距離は時速×時間で計算する」


とにかく覚えなさい、意味はわからずとも覚えなさい、と詰め込む暗記教育です。効率的に、欧米にキャッチアップする手段としての教育スタイルを、日本は長くスタンダードにしてきたのです。

受験におけるマークシート方式のテストも、すべてこの暗記教育に最適化された仕組みです。採点の手間とコストも低く、今風に言えば**「コスパがよい」教育法**だからです。

ちなみに、**日本の大学の授業料が他国に比べて相対的に安い**理由もここにあります。

日本では、私立大学でも文系の授業料は年間100万円ほどが標準です。絶対的な金額としては高く感じますが、しかし、例えばアメリカのハーバード大学は年間4〜5万ドル＝約500万円もかかります。

だから、アメリカでは1クラスの編成が少ないのです。私は客員准教授として、ハーバードで日本経済論を教えていましたが、そのときに「一クラスは絶対に30人以上にはしません」と大学に言われました。

学生一人ひとりが、どれほどの理解度で授業を受けているか。これらを教える側が理解していなければ、濃密な授業などできないからです。

しかし、日本の大学は平気で200人を超えるクラスがざらにあります。

私自身、街中で「先生の授業を受けています！」と声をかけられても、誰であるかが正確にわからず、「そうですか。ありがとう」とぐらいにしか返せず、申し訳ないと思うことがありました。

30人相手と200人相手のどちらのほうが、質が高い授業になるか、比べるまでもありません。

ただ、この促成栽培的で、コスパの高い教育スタイルにもメリットがありました。

「**大学教育の大衆化**」を進めたことです。

おかげで、私のような和歌山の小さな商店に生まれ育った人間も、大学で学ぶことができました。

同じようにして底上げされた大勢の知的労働者が生み出され、戦後の日本の高度経済成長を支えるエンジンになったのです。

当初の目的だった欧米のキャッチアップを果たし、1980年代後半、先を走っていたアメリカやイギリスに肩を並べ、経済的には先をいく瞬間もあったほどでした。

問題は、このタイミングで、**日本が学びの形を変えられなかった**ことです。

促成栽培的暗記教育は効率的ですが、覚えるべき「お手本」がなくなった段階で、機能しなくなります。

その後、頂点に立つかと思われた日本は、経済的にも下降線をたどっていきます。

詰め込み型の暗記教育が隅々まで浸透しすぎて、なかなかそこから離れられなくなったからです。

「覚えなさい」と言うのは、「考えなくていいですよ」と言っているのと、ほぼ同じです。これまでにない斬新な発想や、ユニークな着想、ひらめきを押し殺すことが、これまでの教育だったのです。

今に続く「失われた30年」は、促成栽培が限界を迎えた証拠でもあるわけです。

世の中の問題は解けないものばかり

ときを同じくして進行したインターネットの普及は、「覚えることの価値」を決定的に下げることになりました。

「より多く」「より正確に」記憶することは、インターネットで調べればすぐわかる時代に、ほぼ意味をなさなくなっています。スマホやパソコンさえあれば、誰しもフラットにその恩恵を受けられるわけです。

最近、「**教養がブームだ**」と言われています。

しかし私には、多くの人が身につけたいと思っている教養は、単に知識を詰め込んだ、旧来型の暗記教育に近いものにしか見えません。

だからこそ、お手軽な「1日1ページ読むだけで教養が身につく」などと銘打ち、細切れの蘊蓄を寄せ集めた本が売れているのでしょう。

しかし、ネットでいくらでも引き出せる蘊蓄を教養と呼ぶのは、あまりに無教養ではないでしょうか。

もとより、私たちは、受験勉強で暗記するような「**絶対的な正解**」**がない世界**に生きています。**世の中の問題は、解けないものばかりです。**

経済政策も、これをやっておけば安心だなどという施策はありません。先に述べた消費税の問題も、上げたほうがいいのか、下げたほうがいいのか、絶対的な正解は誰も持っていません。

アメリカと中国が対立する世界情勢の中で、日本はどうしたらいいのか、という問いに対する絶対的な正解はおそらくないでしょう。

政治や経済に限らず、文化や性別も多様化が進み、ミックスドカルチャーやLGBTQが一般的になっています。

ただ、ここで改めて思うのが、もともと社会は複雑で、絶対的正解など世の中にほとんどなかったのではないか、ということです。

かつては新聞や雑誌、本、テレビ、家族や同僚や友人……それくらいのネットワークだけでしか情報を得られませんでした。

しかし、今はネット上であらゆる情報が手に入ります。SNSを通して、文化や性別や年齢を超えた情報が、凄まじい勢いで飛び交っています。

中東で起こったテロ、香港の学生活動家の生々しい書き込みが目に入り、フェミニストの訴えも、差別主義者のそれもすべてが目に入ります。

そもそも存在していた、**多様でカラフルな価値観が、今は圧倒的に目に入りやすくなっています。**揺るがぬ、唯一の正解といったものがいかに成り立ちにくいか、肌感覚で伝わりやすくなっただけなのでしょう。

いずれにしても、絶対的正解がない世界で戦っていくためには、記憶力だけでは太刀打ちできません。「あれも正解」「これも正解」という多様な価値観が渦巻くなかでは、一つの正解をよりどころに、それを探し求める考え方では、思考の着地点を失うはずです。

昔ながらの極めて保守的な人は、戸惑うばかりかもしれません。固定観念の強いリベラルな人も、同様でしょう。

問題なのは、**一つだけの価値観、絶対的な答えにすがる**こと。それは、今という時代では混乱と停滞を意味するからです。

そうした多くの価値観を知り、理解し、その上で自分なりの答えを導き出す。

多様性の時代にこそ、マイ・ストーリーという自分なりの羅針盤が求められているわけです。

「考えない人間」を生み出す仕組み

多様性に気づかせてくれるインターネット環境が、もう一方で「**より強い偏向**」を**生み出している**面も見逃せません。

グーグルにせよ、フェイスブックにせよ、ユーザーが何に興味を持ち、どんな趣味嗜好があるかを探り出すことに多くのテクノロジーを集約させています。

一人ひとりの検索結果やウェブサイトの滞留時間、離脱時間。スマホやパソコンをどこで開き、何をしているかというリアルな行動データもふくめて、あらゆるデータを寄せ集めて、「このユーザーがどんな人間か」、その一点をあぶり出すために使っていると言ってもいいでしょう。

例えば、私が土曜日の午後にスターバックスに行き、パソコンを開き、フェイスブックを覗いたとします。

「**経済政策やグローバル経済に興味のある60代男性が、休日を過ごしている**」と判断し、フェイスブックの広告には、私にふさわしいとされる商品やサービスの広告があらわれます。

仮に同じくフェイスブックを同じ場所で同じ時間に、あなたが閲覧したとしても、違う広告があらわれる。あなたにふさわしいパーソナライズされた広告が表示されるのです。

こうした複雑なアルゴリズムを使った高度なアドテク（広告技術）が、彼らプラットフォーマーのビジネスモデルを支えています。

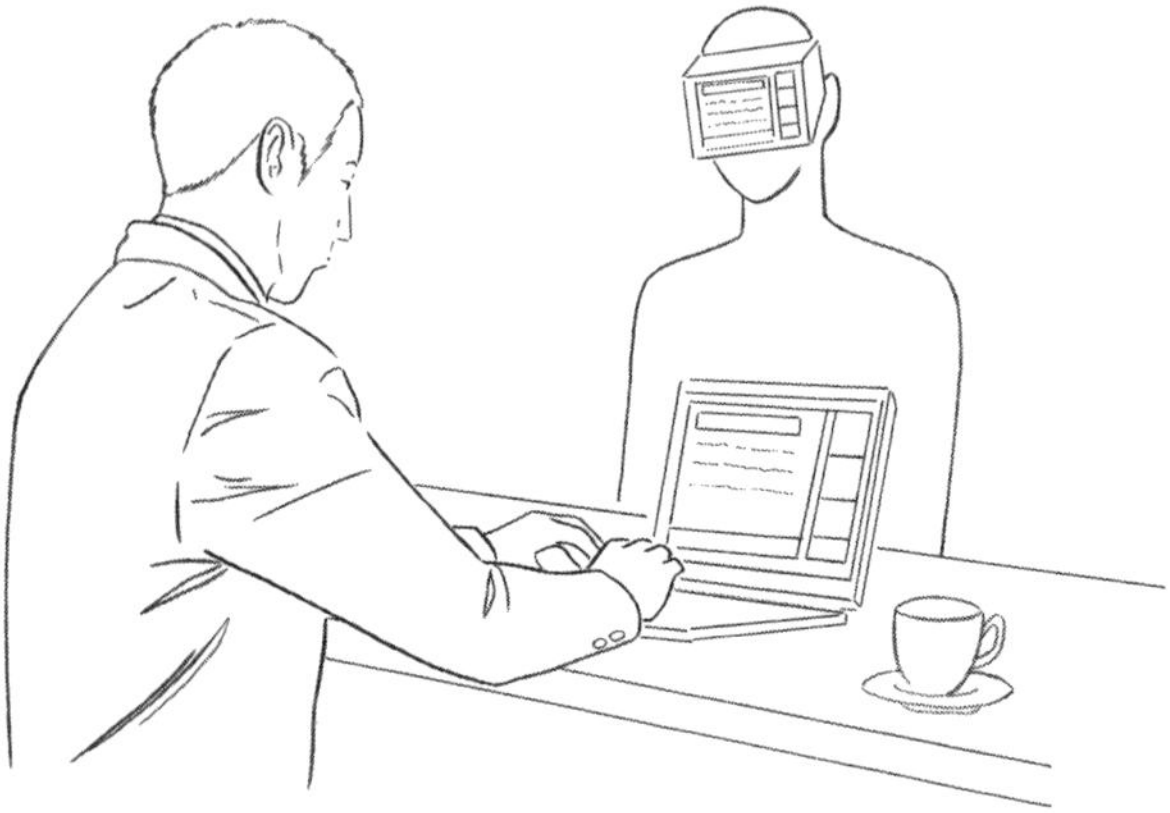

ユーザーが興味のありそうな、趣味嗜好が合う商品、サービス、情報を指し示すことは、ふさわしいモノやコトとの出会いを増やし、ユーザーにとってメリットは大きい。サービサーやメーカーも確実に売上利益が得られるから、うれしい。

プラットフォーマーは、そのマッチングの妙で利益を得ているからいわずもがな。さらにデータを集め、アルゴリズムを研究し続け、日々、ユーザーエクスペリエンスを磨き上げているわけです。

ただし、この**情報の最適化も「考えない人間」をつくる仕組み**になりえます。

共産主義的な本、反政府主義的な

ニュースばかりを覗く人は、どんどん似たような情報が「オススメ」されるようになります。

保守的な情報を好む人も同じです。ビッグデータをもとに、AIが最適化した目に入りやすい思想を拾い上げていく結果、常に自分と同意見のインフルエンサーや、フォロワーに囲まれます。

スマホをひらくたびに、「自分と同じ思想の人ばかりだ！」と勘違いするでしょう。

そこはとても居心地がいい、夢のような場だからです。

しかし、夢ですから、現実とは違うわけです。

ハーバード大学に申し出を断られた

アドテクに限らず、今は新聞、ウェブメディアといったニュースメディアも極端に偏った報道を押しつける傾向があることにも注意が必要です。

部数を減らして、経営的にジリ貧の新聞は、あまりにエンドユーザー目線になりすぎています。

朝日新聞は皆が求める朝日新聞的な記事を書き、産経新聞は読者が望んでいる産経的な記事を書く。

真実を伝える、というジャーナリズムの根幹は、貧すれば鈍するで、今、大きく揺らいでいます。

ウェブメディアはどれだけ閲覧されたかのPV数をとることが、KPI（重要な評価指標）になりすぎています。

私の友人でアナリストのロバート・フェルドマン氏は、こうした状況を「**ジャーナリズムがメディアにのっとられた**」と言っています。

アメリカには、ハーバード大学の中にニーマン財団という、ジャーナリスト養成のための研究機関があります。ここは、ピューリッツァー賞受賞者を多数輩出している世界でもまれな場所です。

私はかつて日本のある役所に、「うちからニーマン財団に人を送れないか」と頼まれて、同財団のトップに相談したことがあります。

しかし、気持ちいいほどに、すぐさま「ノー」と返されました。

「それは**スピリット・オブ・ジャーナリズムに反する**」と言われました。「スピリット・オブ・ジャーナリズムとはなんですか？」と返すと、こう教えてくれました。

「**権力から距離を置くこと、そして大衆から距離を置くことです**」

権力、つまり政府から距離を置くために、私の申し出は断られました。ジャーナリズムの正しいありようを考えたら、当然です。

しかし、今の時代は、むしろ後者のほうがより重要になっています。大衆に媚びて近くなりすぎたとき、ジャーナリズムはより一層真実を伝えなくなり、腐り始めるのです。

いずれにしても、メディアから流れる情報を無自覚に受け入れる時代は終わりました。このままでは、極端に偏った、誤った知識をあなたの中に構築させることになります。

そして誤った知識は、誤った思考、誤った判断につながるのです。

一つ質問していいでしょうか?

★★の中に何があてはまると思いますか?

「日本経済が弱くなったのは、★★のせいだ」

「自分の給料が上がらないのは★★が悪いからだ」

答えは、すべて正解であり、かつ不正解です。

★★の中に一つがストンと入るほど、世の中は単純ではありません。

★★には、たった一つの何かがあてはまる。そう、あなたが感じたならば、誤った知識をインプットされているのかもしれません。

そのほうが誰かにとって、具体的にはプラットフォーマーやメディア、権力、そして単に不満のはけ口を求めている人たちにとって都合がいいからです。

私たちは、情報を鵜呑みにするのではなく、情報を使って、使い倒して、考える必要があるのです。

くり返しになりますが、「マイ・ストーリー」とは、考えることです。

自分の頭で考える人になる——それこそが本当の教養人ではないでしょうか。

小泉元首相が安倍次期首相に伝えたこと

自分の頭で考える教養人というと、私はすぐさま小泉（純一郎）元首相を思い出します。

忘れられないのは、私が経済財政政策担当大臣などを務めた小泉内閣が終わり、安倍晋三さんに引き継ぐことが決まっていた2日前の夜のこと。総理公邸に、小泉さんと親しい数人の財界人、そして安倍さんが集まる夕食会が開かれました。私も参加しました。

思い出話などして盛り上がる中、ふいに小泉さんはとつとつと独り言のようにやや大きめの声で話し始めました。

それはあきらかに、隣りに座っていた次期総理の安倍さんに、聞かせるための話でした。

曰く、「とにかく、できるだけいろんな人の話を聞いたほうがいい。そして、いろんな方向から情報を集めたほうがいい。しかしね、総理のような権力のある人間が、そうした意見を耳にして、すぐに『**わかりました**』『**やりましょう**』**などとは絶対に言っちゃダメ**だ。ありがとうございました、とだけ言えばいい。いやというほど話を聞いたら、それをすべて持ち帰る。そして一人になって考えたとき、**ストンと腹に落ちたことだけをやる**」。

まさに情報に惑わされず、しかし、たくさんの情報を貪欲に集めて、それを自分の頭で考えて実行する。

腑に落ちたものだけを、実行に移す。

小泉さんの言葉、政治、立ち姿が強く、ビジョナリーだった理由は、そんなところにこそあったのだと思います。

これからはコンピタントが重要

私が「マイ・ストーリー」を強く意識しはじめたのは、慶応大学の湘南藤沢キャンパス（SFC）でAO（アドミッションオフィス）入試の面接を担当してからです。

相手は17歳くらいの高校生たちです。

その一人に、私を含めた面接官が3人ほどで取り囲み、30分ほど質問をしていきます。教授がのべ90分（30分×3人）の時間を使うわけですから、学生にとっては、なかなかハードなシチュエーションだろうと思います。

このとき、私は必ずこんな質問をします。

「将来は何がやりたいの？」

すると、高校生は、「環境問題に興味があり、SFCで環境を学びたい」などと答えます。

私は、「なるほど。確かに、地球環境は温暖化などで大変な状況になっていると言われますね」と受けた上で、いくつか質問をします。

「けれど、科学者によっていろんな見解があるよね。それはどう思いますか？」
「地球環境をよくしたいなら、人間が経済活動をとめるのが一番だと思うのですが、それについてはどうですか？」
「あるいは産業活動をとめると、経済に問題が生じて、生活が困窮する人も大勢出てくるでしょう。そのときはどうする？」

もちろん、相手をやり込めようと思って聞いているわけではありません。学生たちの知識を問うているわけでもないんですね。なぜなら、高校生が持つ知識は限られているからです。

私が見ているのは、**彼らがどれくらい「考える力」を持っているか**です。

だから、知識では答えられない、つまり正解がない質問をしているのです。学生たちが自分の頭で考えて、どんな「マイ・ストーリー」を創り出すか、その能力を見ています。

「私はこのように思います。なぜなら……」とか、「こんな理由で、こうではないかと私は考えています」と、自分の頭で考えてストーリーを組み上げ、語ることができるか——。そこを見ているのです。

前述したように、知識そのものの価値は低くなっていますから、現時点でどれだけの知識を持っているかを知る必要はありません。むしろ、知識はこれから必要なとき身につければいい。

「マイ・ストーリー」を語る力があるとは、**自分の頭で考える習慣がある**ことであり、**考えるための〝軸〟をもった**人だと言えます。

ここでいう「軸」とは、善悪の判断ができること、相手の立場で、または大局的にものを考えられること、といった人としてのあり方のようなものを指します。

私はよく学生たちに、**「コンペティティブ（competitive）ではなく、コンピタント（compitent）を目指してほしい」**と話しています。

どちらの言葉も「優位な」という意味の言葉ですが、「コンペティティブ」は横並びの競争の中で、少しだけ頭を出すレベルの優位性のことを指します。

例えば、ある特定のプログラム言語を使って、周囲のエンジニアよりも早く正確にコードを書ける。これはコンペティティブです。

そうではなく、「ユーザーはこういう仕様を求めているはずだ」「もっとこういう機能があればこのアプリケーションは使いやすくなる」とエンドユーザーの気持ちや、使用感などまで見据えた上で、新たなプログラムを設計し、コードを書くようなエンジニアをコンピタントと呼びます。

そんな本質的な有能さは、**プログラム言語が変わっても、市場の環境が変わっても、どんなときでも通用する「優位」となります。**

少しだけ頭を抜け出すコンペティティブな優位性は、プログラム言語や市場のニーズが変わったときに、お手上げになってしまうことが多い。

とくに現在のような変化の激しい時代、先が読めない時代は、コンペティティブを超えて、コンピタントな人材が求められます。

そして、コンピタントな人材になるためには、自分の頭で考え、「マイ・ストーリー」を紡ぎ出す力が必要になるのです。

私よりもずっと教養があった親の姿

私の両親は、和歌山の商店街で小さな商店を営んでいました。

二人とも義務教育しか受けていません。なにせ商店街の中で大学を出た人間は、少し離れたところに医院を出すお医者さんと、学校の先生くらいなもの。そんな時代でもありました。

一方で、私はおかげさまで大学に行かせてもらえたし、留学までさせてもらいました。

しかし、大学まで行った私より、義務教育しか受けていない両親のほうがよほど教養があったと今でも感じます。

それは人としての正しい〝軸〟を持ち、それをもとに自分の頭で〝考えていた〟からだと思うのです。

人生はどうあるべきか、そのためには子どもにどんな経験を積ませたらいいか。どんな教育を与えるべきか……。

今のように、子育ての本や子育てブログが巷にあふれていなかったからこそ、**自分の頭で考えざるを得なかった時代**でした。

しかし、だからこそ揺るぎない自分だけの子育てのルール、方針ができあがっていたのだと感じます。

裏を返すと、誰しも、どこにいても、自分の頭で考えて、これからを生き抜くための教養を身につけることはできる、ということではないでしょうか。

事実、私が教えている学生たちも、最初はちぐはぐで、お世辞にもストーリーになっているとは言えない「マイ・ストーリー」を語っていたのが、半年、1年と〝考える授業〟を続けていくと、見違えるように変わります。

私はこう考える、なぜなら川を上るとこうだから、海を渡るとこうだから、と自分だけのストーリーを作って、堂々と答えられるようになるのです。

「考える」という行為は、**やればやっただけ、その能力が伸びるものだ**と、私は実感しています。

考える人だけに見える景色がある

以前、私が住んでいたマンションからは、隅田川にかかる永代橋が見えました。

永代橋というと、思い浮かぶことがあります。あの有名な赤穂浪士は、今の墨田区両国にあった吉良宅で吉良上野介の首を切った後、歩いて品川の泉岳寺まで向かいました。

このとき、永代橋を渡ったという記録があります。となると、その後、近くにある新高橋を渡って、こんなルートで巡ったのだろうな、などと想像することができます。

当時は幕府の目もあるから、町人たちはおおっぴらに赤穂浪士たちを讃えられませんでした。

ただ、心の中では、「よくぞ、主君の仇を討った。立派な侍だ」と感動していたでしょう。

ただある書物によると、皆が遠回しに見ていたなかで、永代橋のたもとにあった茶屋の主人だけが「よくやった！」と大声で讃えながら、浪士たちに甘酒を振る舞った

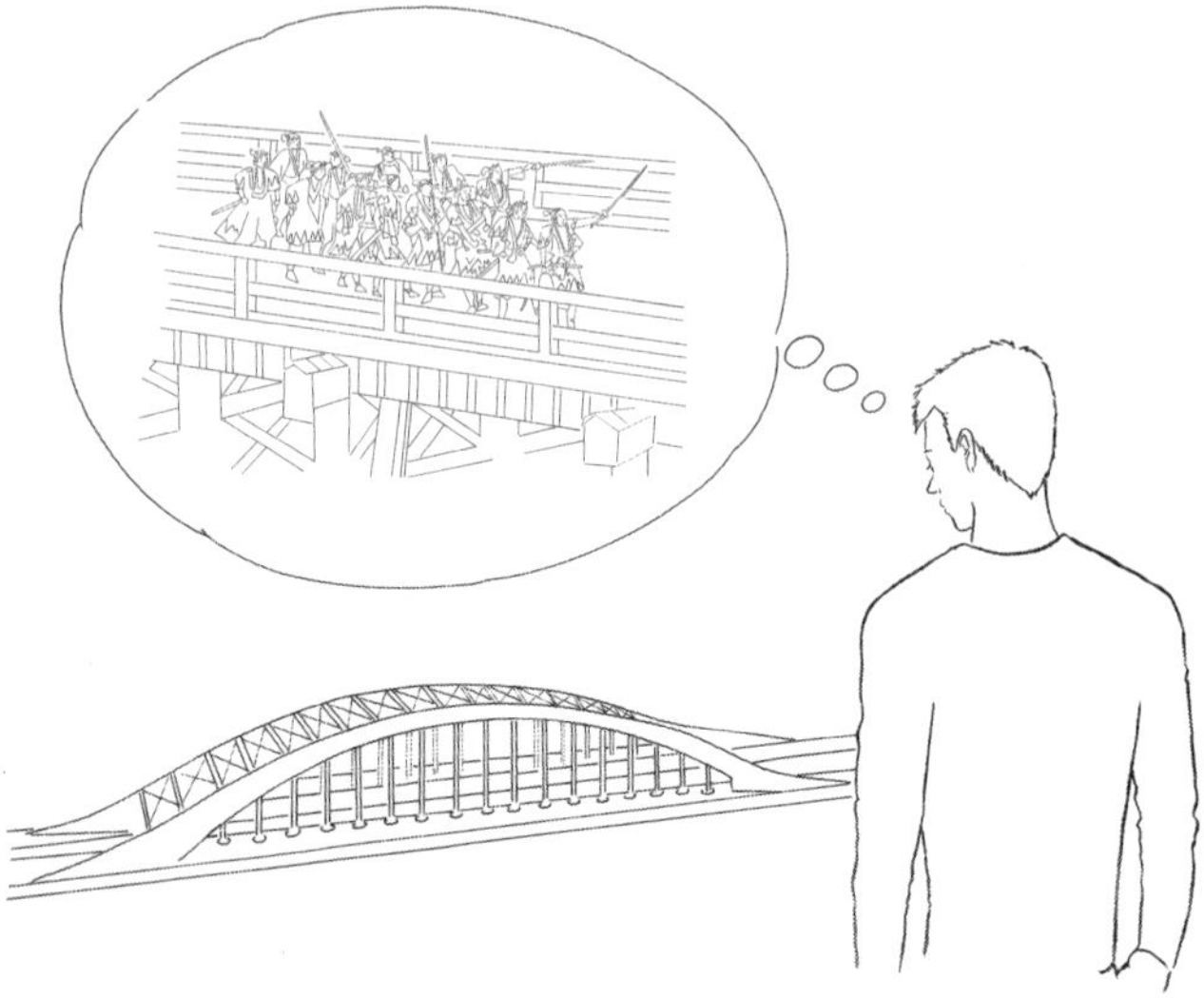

という記録があります。そして、その子孫のほうはいまもその場所に住んでいるのだそうです。

いったい、何の話をしているのだろう、と思われたかもしれません。

私は、「考える」こと、すなわち**「マイ・ストーリーを語る」ことは、歴史を知ることに近い**のかなと感じているのです。

何も考えずに、目の前にある東京の町並みを、道を、坂を、川を眺めていても、深みやおもしろさを見つけ出すのは難しいでしょう。

しかし、かつてそこで何があったかという、歴史の事実を知識として知り、そこにいた人たちはどんな感情を抱いたのだろうか、などと想像して、考えてみる。
すると、何でもない当たり前の景色が、突然、ふくよかな情報と感情をもって立ち上がり、さまざまな情景が見え、人々の息吹が感じとれるようになる。

これまでとはまったく**「違う景色」が見えてくる**のです。

それはとてもワクワクする、知的好奇心をくすぐる行為であり、極めて教養深いことであり、あらためて自分の、自分たちの進むべき指針におけるヒントを得られることにもなります。

私が皆さんにお伝えしたいのは、そんな当たり前の景色が意味を持ったものに変わるコンピタントなものの見方、考え方です。

それは、実に楽しく、人生を豊かにする術でもあるのです。

Thinking:

the best learning method

第 2 章

考えることで身につく能力

Chapter 2

Skills you acquire through Thinking

第1章では、自分の頭で考えることが重要であり、これからの時代にますます必要とされるスキルであることをお伝えしました。

考えるスキルを上げるには、「マイ・ストーリー」を創ることが効果的であることを理解いただけたと思います。

続く第2章では、「考える力」が皆さんのさまざまな能力を引き上げることについてお話ししていきます。

考える力は、すべての能力の起点であると言えます。

これを身につけることで、判断力、応用力、発見する力などの能力が向上するはずです。

コンピタントな（本質的な優位性を持つ）自分に変わるための7つの力を紹介しましょう。

考えることで身につく能力

01

応用力が身につく

——腑に落ちるまで考えることで他にも応用できる

突然ですが、「オフィスグリコ」をご存知でしょうか？

オフィスに無料で設置する菓子専用ボックスで、お菓子を食べたいオフィスワーカーは、お菓子が入ったケースの上部にある貯金箱のような箱にお金を入れると、自由にお菓子が食べられるサービスです。

補充時にオフィスグリコのスタッフが、会社の総務部などから料金を回収します。社員向けの福利厚生サービスとして活用されるわけですね。

実はこのビジネスモデル、ヒントになったのは路上の無料野菜即売所です。

ここにある白菜は持っていっていいですよ、ただし、お金を１００円だけ入れてください、という具合で販売している、あの牧歌的なサービスです。

下手に見張り番的な店員を置いたら、コストがかかってとても一つ100円で販売することはできません。

しかし、「多くの人がちゃんとお金を入れてくれる」という性善説をもとに、無人で運営しているからそれができます。売り手も買い手も、ウィンウィンの状況が生まれているのです。

これを菓子に応用して、福利厚生に活用したのが、オフィスグリコなのです。

おそらく、菓子業界だけを研究していても出てこなかったアイデアです。

しかし、無料の野菜即売所を見て「なぜ？」「どうして？」と考えたからこそ、**お菓子でもできるかも、と応用する着想に至ったのです。**

ここからわかるのは、**「関心」を持つことがいかに大切であるかです。**

どうして？　どんな意味が？　なぜ成立するのか？

考える人は、なにか一つのコトやモノをみたとき、関心を示して、次々と疑問が湧き立ちます。

では次に、ＤＶＤを例にとって考えてみます。

今は自宅で映画を観るとしたら、ネットフリックスなどの配信サービスを利用する人が多いでしょうが、かつてはレンタルや購入したＤＶＤで鑑賞する人がほとんどでした。

私もいまだに、何本かお気に入りの映画をＤＶＤで持っています。

ところで、この映像を記録再生するＤＶＤは、音声だけを記録再生するＣＤとまったく同じサイズで、直径12ｃｍなんです。

しかし、**ＤＶＤとＣＤはケースの形がまったく違いますよね。**

ＤＶＤのケースはだいたいタテが１９０ｍｍ×ヨコ１３５ｍｍで、縦長です。

しかしＣＤケースはタテ１２４ｍｍ×ヨコ１４２ｍｍと正方形に近い横長なんですね。

では、皆さんに考えていただきましょう。


――同じサイズの円盤が入るのに、なぜＤＶＤとＣＤのケースは違うのでしょうか？

いかがでしょう。わかりますか？
というよりも、考えたことがありますか？
例によって、「川を上って」考えてみましょう。

CDはもともと、レコードに代わる音楽メディアとして登場した光ディスクです。レコードよりも大幅に小さい上に、デジタルで記録されているため、音質も一定で容量も多い。
市販品が登場した1980年代には、日本を含めた世界中でレコードからCDへと一気に音楽メディアは変わっていきました。

しかし、**メディアは変わっても、流通経路は変わりませんでした。**レコードからCDになったからといって、これまであったレコード店やレコード売り場が消滅して、CDショップがゼロから立ち上がるわけではありません。レコード店が、レコードではなく、CDを置くようになったのです。

とはいえ、レコードとCDはサイズが大きく異なります。新たに棚を作り直すのも多大なコストがかかります。なるべくムダを減らすにはどうしたらいいか？

そこで業界はCDケースを、**レコードの4分の1のサイズに収まる大きさに設定**したのです。レコード（LP盤）のサイズは30ｃｍです。

これなら、これまでレコード1枚を飾っていたところに、ちょうどCDが4枚入ります。

まるごと棚を変えるなどせずとも、最小限のカスタマイズでレコード売り場をCD売り場へと改装できるように配慮したのです。

だから、CDケースがほぼ正方形の形であるというわけです。

――では、どうして同じDVDがタテ型のケースなの？

カンのいい人はもうわかりましたよね。

DVDが現れるまで、映像コンテンツのパッケージソフトはビデオテープ、しかもVHS規格が全世界を席巻していました。

販売はもちろん、とくに大きなシェアを誇っていたのは、アメリカなら「ブロックバスター」、日本ならば「TSUTAYA」などのレンタルビデオショップでした。ずらりとVHSが並んだ大きな店が全世界にあったのです。

2000年代に入ると、このソフトがほとんどすべてDVDに変わりました。

全世界にあるレンタルビデオの棚やビデオソフト用の什器を、DVDの円盤サイズ、あるいは小さなCDケースと合わせて作り変えるのは、これまた膨大なコストがかかります。

そこで映像ソフト業界は、DVDのケースを、厚さ以外はほぼVHSのケースと同じサイズにしたのです。そのほうが低コストで合理的だったからです。

実におもしろいですよね。

このDVDケースの話を知っていると、例えば他の業界にいる人でも、**何か大きな**

パラダイム・シフトが置きたときの対処法のヒントが得られます。

市場のルールが変わったとき、それに合わせてゼロから変えるしかないのか。もしかしたら、DVDケースのように、コストをかけずに少し変えるだけで対応できるのではないか……。

2020年は新型コロナウイルスの影響で、多くの企業がダメージを受けましたが、経営のスリム化をはかる際に、大リストラを敢行するとか、事業を売るなど大ナタをふるう前に、DVDケースを棚に合わせて規定したようなコスト削減法がないか、考えてみてはどうでしょうか。

思わぬ手がかりが見つかるかもしれません。

目の前に当たり前のようにある、モノ、コト、現象には、すべて意味があります。

考えることは、その中に潜んでいる「意味」を掘り起こすことです。

どんなものにも興味を示し、関心を持つ——。

そうした知的好奇心が、あなたを考える人へと変え、「応用力」を手にするための最初の一歩になるのです。

考えることで身につく能力
02

決断力が身につく
——常に考えているから答えがすぐに出る

考えることが、決断力につながる。

そう言うと、戸惑う方もいるかもしれません。

しかし、私はかつて小泉（純一郎・元首相）さんを間近に見ていて、それを確信しました。

小泉さんはあらゆるスピーチや記者会見などで、常にインパクトのある言葉を残し、しかもウィットやユーモアも感じさせる、回答をズバッと返すことで有名でした。

例えば、「**構造改革なくして成長なし！**」という、聖域なき構造改革を進めたときのワンフレーズ。

横綱・貴乃花が劇的な復活優勝を遂げた際、総理大臣杯を授与するときに、大声で放った「**痛みに耐えてよくがんばった！ 感動した！**」という力強い言葉。

最近でも、次男の進次郎さんに妻の滝川クリステルさんを紹介されたときに、「**なんでクリスタルじゃなくて、クリステルなの？**」と迷言を発していたようですね。

私は小泉さんに、「どうしてあれほど力強い言葉が、瞬時に出てくるのですか？」と素直に質問したことがあります。

すると、「あれはね。相撲の立ち合いと一緒なんだよ」と言うのです。

相撲は立ち会いの際に、「まずは右へ回って、左下手を狙って、次に上手を……」などと試行錯誤しながら動いていたら、その間に負けてしまいます。

一瞬の判断で、すぐさま相手の状況に合わせた最善の手を繰り出さなければなりません。

そのために不可欠なのが〝稽古〟です。

一瞬の判断を繰り出すためには、普段から、「**こうきたら、ああ出よう**」「**こう逃げられたら、こう変えよう**」と瞬時に動くためのイメージトレーニングとともに、動きの稽古を重ねておく必要があります。

積み上げられた普段の稽古があるからこそ、一瞬のひらめきと妙手が出せるのです。

小泉さんは、何もないところからひらめき、あれらの言葉を残したわけではありません。普段から、稽古を積み重ねてきた。

オペラを観ているときも、歌舞伎を観ているときも、小説を読んでいるときも、**「この人はどう話すか」「どんな思考で行動するか」「次はどんな展開になり、主人公はどう切り返すのか」**とシミュレーションしながら、考えに考えていた。

だから小泉さんは、横綱の立ち会いのように、瞬時にキレのある言葉が繰り出せたのです。

また、そうした稽古の先に、難しい政局での判断や決断をしてきた。

いつでも考えをめぐらせているからこそ、決断すべきときに「こっちだ」と揺るがぬ判断ができるのです。

日常から稽古を重ねている人が、強くなるのは、相撲も仕事も同じです。

難解な課題や、困難な場面がおとずれても、〝**考える稽古**〟をしてきた人は、精度の高い、納得いく判断ができるでしょう。

スパッと切れの良い決断力が磨かれていくのです。

考えることで身につく能力
03

発見力が身につく
――他人の考えをテイクアウェイして学ぶ

考えることを習慣化すると、発見する力が身につきます。これまで読み流していた、ニュースや出来事に対して目を向けるようになるわけですから、当然いろいろ気づくことも増えるでしょう。

そもそも、人間が他の動物と大きく異なるのは、**「他の誰かの体験を共有できること」**です。

動物は基本、実際に体験することでしか能力を向上させられませんが、**人間は他の誰かの体験や考え方を借りて、自分にはない知見を取り入れる**ことができます。

例えば、他者と議論することで新たな知識、情報を得ることもできますし、それはメディアからでも構いません。

ただ、その際には、なるべく自分とは異なる意見にも耳を傾ける姿勢が大切です。議論する相手も、いつもの仲良しグループではなく、多少、意見が食い違うくらいのライバル的な存在と論じあったほうが、よほど得るものが多いでしょう。

意見の異なる相手の考え方や体験談にこそ、自分一人ではたどり着けない価値があります。

私はこうした姿勢を持つことを、**「今日のテイクアウェイは何だろう？」**という言い方に変えて、学生たちにも勧めています。

テイクアウェイとは、日本語で言うと「持ち帰り」のこと。

共感できない意見や、考え方が違うジャーナリストが書いた記事、相手の揚げ足をとることしか考えていない討論番組の話の中身……。

普通なら、何も得るものがなかった、時間のムダだったと思うところですが、私は「何か一つくらいはテイクアウェイしてやろう！」と探し出して、持ち帰るようにしています。例えばこんな具合です。

「彼の意見のほとんどは納得いかないけれど、**あそこの構造的な理解の仕方はおもしろかった**。見習いたい」

「この記事は実につまらないし、ウソも多いけれど、**比喩表現だけは、けっこう上手だ**。私も表現にもっと比喩を取り入れてみよう」

「なぜ、あの人は自らを棚に上げて、こちらを批判するのだろうか。論理はメチャクチャだけれど、**議論するときはこのくらいの図々しさも必要なのかもしれない**」

……と、こんな具合に、他人の考えには、必ず一つくらいはテイクアウェイすべきところがあるものです。

また、そう思えるから、**あえて考えの違うメディアや、普段は話さない相手とも会う価値がある**のでしょう。

こういう姿勢が、自分自身の「考え方」を広げ、自分だけではたどり着けなかった新たな発見に導いてくれるのだと思っています。

考えることで身につく能力

04

ふところが深くなる

——考えを交流させることで多様化する

白か黒か、善か悪か、右か左か。

今、世の中を**「二項対立」の視点**でとらえようとする人が目立ちます。

しかし、正しいのはAか、それともBか、とすべてを二項対立でとらえられるほど、世の中は単純ではありません。

2枚のカードを広げて、どちらを選ぶ？　と問うのは間違いです。

世の中のたいていの答えは、Aのカードと Bのカードの、混ざりあった間の場所にあるものだからです。

「ハーベイロードの前提」をご存知でしょうか？

ハーベイロードとは、著名な経済学者ジョン・メイナード・ケインズが居住していたイギリスのケンブリッジにある通りの名です。

ケインズの経済政策の考え方のベースには、「ハーベイロードの前提がある」とよく言われます。ハーベイロードはケンブリッジの中でも、知識階級が集まる特別な場所でした。

この場所にエリートたちが集って、議論を進めて作り上げたのが、「不況時には政府が積極的に介入して失業を減らして、景気をよくしていく」という積極的財政政策に代表される**ケインズ経済学です**。大恐慌時にアメリカのニューディール政策を後押ししたことでも有名ですね。

ここではケインズの経済政策に触れませんが、彼の政策には一つ大きな問題があったと言われます。

政策の是非を議論するときに、エリートだけが集い、あまりにも理想主義的に人の行動を定義して、経済政策を練ったこと。

また、人間は合理的に思考するものだという前提に立ちすぎていたため、実際は非合理なことも多い人間社会にフィットしないのではないか、ということ。

だから、そんなものは「ハーベイロードの前提」でしかなりたたない――つまりエリートが集まった社会でしか通用しない、ある種、机上の空論になっているのではないか。そんな批判をよく受けてきました。

ケインズのこの思考は、「**ケンブリッジ学派**」と呼ばれる、ケンブリッジ大学の思考体系に属するものでした。

一方で、かつてケンブリッジ大学と並ぶ世界の経済学の中心地だったのが、オーストリアの最高学府ウィーン大学でした。かの「イノベーション理論」で知られたジョゼフ・シュンペーターなどもここで学び、彼らは「**オーストリア学派・ウィーン学派**」と呼ばれました。

ウィーン学派の特徴は、とことん突き詰めて考えていくケンブリッジ学派と異なり、「**常に疑って議論する**」ことにありました。

「一見正しい理論だが、本当にそうだろうか」「人はそれほどシンプルに行動しないのではないか」「自分が見ている事象は一面的ではないか」と、常に懐疑的に議論を進めていく手法を良しとする特徴がありました。

そこに、エリートの理想主義はありません。

ただし、批判的になりすぎて、他者の考えを攻撃的に批判しすぎるデメリットも少なからずありました。

今、私たちに求められるのは、「ケンブリッジ学派」と「ウィーン学派」の両輪ではないでしょうか。

徹底的に考えて結論を導き出すが、しかしそれ自体が正しいのか、常に疑う姿勢も忘れない。この姿勢を忘れなければ、Aのほうが正しい、いや正しいのはBだ、Aは絶対に間違っている、といった二項対立や二者択一のような排他的な思考にはならないはずです。

その意味で、松下幸之助さんは良い言葉を遺しています。

皆さんもご存知のように、松下幸之助は松下電器、いまのパナソニックをつくった昭和の名経営者です。私と同郷、和歌山のご出身なので、小さい頃から憧れていた偉人です。

彼は多くの名言を遺していますが、私が最も好きな言葉は、「**こころに縁側を持て**」です。

かつて、昭和の頃までの日本家屋にはたいてい縁側がありました。

縁側とは、建物の縁にあたる板敷きの通路のこと。それは庭先につづく場所で、家の「内側」であると同時に、「外側」とも言えるような場所です。

こころに縁側を持て、とはつまり「**あいまいさを許容しましょう**」ということです。

何が絶対的に正しいか、何が間違いか、というのは、どこまでが家の外で、どこまでが家の内かということと同じで、決める必要のないことであると。

例えば、最近ビジネスにおいて、ＭＢＡで学ぶ工学的なサイエンスのような戦略のみならず、センスやアートのような感覚的な判断が大切だと言われています。

教科書どおりの、通り一遍のマーケット感覚や経営観、もっといえば人間観ではとらえきれないのが、本来の世界、世の中だからでしょう。

また社会が多様化し、「こうあるべき」といったこれまでの一色の常識ではとらえきれない世の中になっていることも一因です。

だから、「あいまいさ」が求められる。

「そういう考え方もあるのか」
「逆の立場から見れば、賛成できないのもわかる」
「まだ理解できないが、そう判断をする人もいることはわかる」

ＡかＢか白黒をつけずに、さまざまな意見が集まる、あいまいな部分。

住居でいえば外でもない、内でもない「縁側」のような余白を持つことは、多様化してとらえづらくなった世の中を、**寛容に受け止める思考のスペースになり、心の余裕にもなる**のではないでしょうか。

考えてみれば、縁側はその内側に住む旦那さんと、庭を手入れする庭木職人さんが交わって雑談できる場所です。

普段は交わらない場所にいる他人同士が、気軽に同じ場所に座って、「最近調子はどうだい」「そういえばこんなことがありました……」などと言葉を交わし、ときに知恵を交換しあうわけです。

今、物理的にこうした場所が失われつつあるのは大変もったいないと思います。せめて、皆さんの**頭の中には、こうした縁側の精神を持ち**、さまざまな考えを受け入れながら、考えを膨らませ、さらに深く考える習慣を身につけてほしいと考えます。

考えることで身につく能力

05

アップデートする力が身につく

——次の一手を考え続けるから常に革新的

人は年を経るごとに頑固になる、と言います。

確かにそういう面はあるでしょう。

頑固になる理由は、成功体験のせいではないでしょうか。

過去に一度でもうまくいった経験があれば、それと異なるやり方をするのは勇気がいります。

失敗するかもしれないと考え、無難にいこうと思ってしまうのです。

しかし、実際は逆の場合が多いものです。

経済学者のヨーゼフ・シュンペーターは、「**資本主義はその成功のゆえに失敗する**」

と言っています。

どんなにイノベーティブなことでも、それが成長し、大きな存在になると、人や組織は保守的になり、官僚化します。成功にとらわれて現状維持をよしとして、挑戦をやめるわけです。

けれど、時代は常に流れて、世の中は絶えず動いているものです。

今この瞬間に、時代とフィットしている思想やシステム、モノやコトは、時間の経過とともに必ず陳腐化します。

シュンペーターは、それは資本主義という環境の下でも変わらないと言ったのです。


もちろん、このことは個人や社会のみならず、企業にもあてはまります。

日本企業は、戦後の高度経済成長で得た成功体験を今も引きずり、年功序列や終身雇用に代表される、硬直的な日本型経営に縛られているところが少なくありません。

大企業ほどその傾向が強いのは、まさにシュンペーターが指摘した「その成功ゆえに失敗する」を体現しているように見えます。

反対に、成長を続ける企業、例えばユニクロの代表、柳井正さんは「**成功は一日で**

捨て去れ」という考えを示しています。
成功にあぐらをかくことほど怖いことはないのです。どうすればいいか、常に考えている人は、**その怖さをいつも肝に銘じています**。だから新しいことを貪欲に学び、次の一手を常に考え続けられるのです。

2020年12月、「世界の都市総合ランキング」が発表されました。

私が所長を務める森記念財団都市戦略研究所が毎年実施しているもので、世界の主要48の都市を、経済、研究・開発、文化・交流、居住、環境、交通・アクセスといった6つの観点から指標づけてランキングにしたものです。

例年、ロンドン（1位）、ニューヨーク（2位）、東京（3位）、パリ（4位）の4つの巨大都市が、他都市と大きな差をつけていましたが、今回はこの4都市を猛追して、ある都市がぐっと存在感を増しました。

シンガポールです。

2019年に「経済」ジャンルで6位だったシンガポールは、今回5位にランクアップ。それだけではなく、同じ経済で4位の東京に肉薄したのです。

躍進の理由の一つに、シンガポールが採用している「**レギュラトリー・サンドボックス**」の存在があります。

言葉のとおり「**規制の砂場**」の意味で、子どもたちが公園で自由に遊ぶように、規制に縛られず実験ができる仕組みのこと。

この政策的な土台があるため、シンガポールは既存の規制制度にとらわれず、イノベーティブな施策を社会実装できるのです。

市民の行動データを伴ったビッグデータを比較的自由に活用でき、フィンテックによる新たな金融事業やAIを活用した自動化サービスなどが、どんどんと世の中で試されながら使われています。

そして、新たな利便性とビジネスとマーケットを生み出しています。だからシンガポールは、常に経済に活気を呼び込めます。規制で縛られた日本を大きく上回るスピード感で、新しい試みに挑めるのです。

それが功を奏して、成長を続けているわけです。

「シンガポールはすごいね。なぜそこまでできるの？」

実はシンガポール首相のリー・シェンロン氏とは、同じ時期にハーバード大学に所属していたことがありました。

そんな関係もあり、以前シンガポールを訪れた際にそう聞いてみました。

彼の答えはこうでした。

「シンガポールのような小さくて、世界経済の影響をモロに受ける国は、**常に最先端を速いスピードで走っていないと置いて行かれてしまうからだよ。**日本は多少、政治や経済が不安定になっても、トヨタやパナソニックが外貨を稼いできてくれる。我々は日本とは危機感が違うんだ」

膝を打つ思いでした。

最先端を全速力で走らないと、置いて行かれてしまう——。

いわば「**健全な危機感**」です。そんな姿勢で常にチャレンジしていることこそが、経済成長の原動力であり、貪欲に新しいビジネスを生み出すシンガポールの躍動の源なのです。

ひるがえって、日本はどうでしょうか？

フィンテックやAI、自動運転の技術も、その知見も、人材も、シンガポールに負けないほどすばらしいものが揃っています。

もちろん規制がそれを邪魔する面はあります。

しかし、何より大きな違いは、この走らないと置いて行かれてしまうという「危機感」の欠如ではないでしょうか。

この感覚がないから、必死に考え、徹底的に考えることをしない。

そして考えなくなったことが、今の日本とシンガポールの勢いの差を生み出しているのではないでしょうか。

考えることで身につく能力

06

真偽を見極める力が身につく

――現場で考えることで見えてくる

情報が溢れる今の時代、無防備にネットやSNSに流れる情報に触れていると、戸惑い、偏り、判断を見誤る可能性が高いと、先に述べました。

一方で、自分の頭で考える人は、情報を集めて、受け取ることで満足しません。彼らは、**「情報の中を歩き回る」**ことで、自分の考えを深めているのです。

具体的には、メディアを通して情報をインプットするのではなく、**現場に足を運んで、直接見て、触れて、匂いを嗅ぎ、空気を感じる**ことでそれを実践しています。

私の例で恐縮ですが、私はこれまで年間に15回程度は海外出張をしていました。オンラインでやりとりが可能な会議でもなるべく現場へ足を運び、見て、感じることは、変えられない価値があると感じているからです。

先ほどのシンガポール首相のリー・シェンロン氏から聞いた話も、現地に行ったからこそ聞けたものだと思います。

とはいえ、もちろん彼のような高い地位の人からしか情報が得られないわけではありません。

例えば、まだ40代だった頃に、今よりずっと貧しかったインドの路地で見かけた光景が、私は未だに忘れられません。

そこは貧困地域として知られた場所でしたが、路地に小さな子どもを背負いながら、一生懸命洗濯をする若い女性がいました。

着ている服も色あせて、髪も無造作にしばって、額に汗を流して、一心不乱に子どもの服を洗っていました。

しかし、その女性が結いた髪には、美しい真紅のリボンがしっかりとついていたのです。

女性がきれいでいたい、美しく生きたいと願う、その力強さを、炎のような真っ赤なリボンに私は感じ取りました。

まるでメタファーのように受け取り、「この国はもっと豊かになっていくだろう」と強く感じました。

今もすぐにでも、私の奥底に残った、その赤い色、土地の香りと、特有の暑さが、目の前に浮かぶようです。

脳科学では、人の記憶は驚きや怒り、悲しみや喜びといった「**情動反応**」と結びついたときにこそ強く定着して、また思い出しやすくなると言われています。

視覚だけではなく、聴覚、触覚、嗅覚、味覚などの五感を伴った記憶のほうが、さらにそうなります。

大恋愛の末に恋人と別れたときに流れ

ていた流行歌が、ふと耳に入ると胸がしめつけられたり、ふいに漂ってきた味噌汁の香りから、懐かしい母親の台所姿が目に浮かんだりするのはそのためです。

心を揺さぶられる情動反応、五感を刺激する体験は、やはりリアルでしか得られません。

もう一つ、現場で感じ、考えることが大切であることを感じたちょっとしたエピソードをご紹介しましょう。

以前、日本経済新聞の役員の方に聞いた話です。

かつてFAXが普及しはじめたとき、日経新聞は「東京と大阪間のFAX送信量を2倍に増やして、ムダな往来をせずともスピーディな情報を発信する」と宣言したことがあったそうです。

その結果、どうなったかというと、**東京、大阪間の出張量が、ファックス同様にこれまでの2倍に増えた**そうです。

確かに、テキストの情報はファックスで瞬時に東京・大阪の距離を超えて行き来するようになりました。量も増えた。

けれど、そこに書かれた情報が「真実か否か」を確かめるために、むしろこれまで以上に記者が、現地へ飛んで、取材する量も増えたというのです。

これは、情報の裏をとることが仕事の記者ゆえの行動ではありますが、現場に行き、見聞きして考えることが大切であることは、記者に限らないのではないでしょうか。

考えることで身につく能力

07

志が育まれる

――前向きに考えるエンジンが育つ

私の好きな言葉に「正々堂々」があります。

その意味は、言うまでもなく「ひきょうな手を使わず真正面からことにあたる」態度のことです。小学生でもわかる言葉でしょう。

しかし、「正々堂々」の語源から理解されている方は少ないのではないでしょうか。

私があらためて、この言葉に奮い立たされたのは、今から二十年近く前、小泉内閣で内閣府特命担当大臣（金融・経済財政政策）として、多くの金融改革を断行しているときでした。

記者の質問に対して、「ＥＴＦ（上場投資信託）は利益率が高いので、みなさん投資しましょう」といった趣旨の発言したことがありました。

これが、野党の集中砲火を浴びる原因になったのです。

「これは市場操作だ！」「風説の流布だ！」「犯罪だ」と騒がれ、辞任要求まで出されました。

確かに言葉不足で、適切とは言えなかった面もあります。

しかし、「ETFは儲かりますか？」と聞いてきた記者に答える形で出た発言で、煽るつもりもなく、もちろん市場操作の意図などまったくありませんでした。

小泉内閣の金融改革に猛烈な勢いで反対していた野党の方々にしてみたら、チャンス到来。

ここぞとばかり断罪されたのです。

さすがに、このときは精神的にまいりました。

世の中を、社会を良くしようという一念で、続けてきた改革でした。

それを、揚げ足をとるような批判で、葬り去ろうとする悪意の塊に打ちのめされたのです。

「ならば、もうやめてやる」という投げやりな気持ちと、**「こんなことでやめられる**

か！」と抗う心がぐるぐると交錯していたあるとき、声をかけてくれた人がいました。

パソナ創業者で、現グループ代表の南部靖之さんです。

一緒に食事をしたのですが、別段、強い言葉で励ましてくれることもありませんでした。

しかし、別れ際、すっと私にお土産をくれたのです。

小さな包みを開けると、箱の中に「貝合わせ」の貝が入っていました。

貝合わせとは、対になった2枚の貝殻に同じ柄が書かれた、平安時代の遊びの道具です。

その貝には、片方に「**正々の旗**」とあり、もう片方には「**堂々の陣**」と描かれていました。二つ合わせて「正々堂々」です。

正々堂々とは、もともと中国の言葉で、春秋時代の軍物書に書かれた言葉です。「正々の旗」は正しく列が揃った旗のことを指し、「堂々の陣」は堂々と胸を張った自信たっぷりの軍隊の様を表しているそうです。

つまり、今はどんなに辛くても、正しいと思った旗を、胸を張って仲間とともに上げつづけろ――。

南部さんは、あえて優しい言葉をかけ、励ましの声をかけるよりも、そんな思いのつまった貝の言葉を示すことで、応援してくれたのです。

その瞬間、私は自分でも驚くほど強張っていた心がみるみる氷解していったことを感じました。

自分がやっていることは間違っていない。

正々の旗を上げて、堂々の陣をつくろう。

その上で敗れても、もう悔いはない。

そう思って改革を進めたのです。

南部さんは、1970年代にソフトバンクの孫正義さん、エイチ・アイ・エスの澤田秀雄さんとともに「**ベンチャー三銃士**」と呼ばれたうちの一人です。

まだベンチャー企業と呼ばれる起業家がほとんどいなかった当時、人材ビジネスという新しい事業を起ち上げ、しかも「育児を終えたあと、もう一度働きたい」と願う家庭の主婦にあらためて力を発揮してもらう場を創ろうという、大きな志をもって会社を起ち上げました。

しかし起業後も、法規制の壁や、既得権益者の壁が南部さんの前にたちはだかりました。

だからこそ、私が挑んでいた改革の意義と、困難を心より理解してくれたのだと思います。

そんなときこそ「正々堂々と挑め」と伝えたかったのでしょう。

志を持つ者だけが分かち合える、**魂のネットワーク**がそこにあったのだと思います。


「志」を持つ人は、貪欲です。

人やモノ、あらゆる事象に触れたときに、自分が抱いた志を実現するために、なにか学びになるのではないか、と貪欲に「テイクアウェイ」しようと好奇心が自然に起動します。

当たり前のように「関心」が湧きたち、「疑問」も浮かんでくるでしょう。

思えば、前出のベンチャー三銃士の他の二人も、驚くほど高い志を掲げていました。

エイチ・アイ・エスの澤田さんは、「若い人でも気軽に海外に行って多くの体験を積んでほしい」と格安の金額で海外に行ける旅行会社をつくりました。

もう一人のソフトバンクの孫正義さんは、「ＩＴで世界を変えたいと思った」と公言して、形にしました。

その志が高く、正しく、強固だからこそ成功を成し遂げられたのです。

志を達成させるために、考えて、考えて、考え抜くことが、当たり前になったからです。


とはいえ、まだ自分にはそんな志がない。目標やビジョンもない、という人もいるでしょう。

私が教える学生にも少なからずいます。

そういう人たちに、私はいつもレシピサイトの草分けであるクックパッドを創業した佐野陽光さんの話をするのです。

彼と対談したときに、「どうしてクックパッドを起ち上げたのですか？」と尋ねたら、「**世の中に笑顔を溢れさせせたかったから**」だと、実に志の高いことを言われたのです。

「笑顔がどこに生まれるかというと、家庭の食卓が原点にある。美味しい食事がつくれるレシピを提供することは、家の中に笑顔を増やすことになる。社会に貢献したいのだ」と言いながら、でもこの話には続きがあるんですね。

「……と表向きは言っていますが、実は**そんなふうに気づいたのは、相当あとになってから**です。最初は無我夢中で、いろんなことをやりながら自分のやることの意義や志が形になっていった。実際はそんなものですよ」と。


また、家族ぐるみでおつきあいのあるミュージシャンの谷村新司さんの言葉も思い出します。

アリスでの活躍はもちろん、世界的な名曲である『昴』をつくった谷村さん――。

今は世界に音楽を届けることが自分の天命、と信じて活動しておられます。

しかし、彼がなぜ音楽をはじめたのか、と言えば、すばらしい楽曲を残したかったからでも、世界中に歌を届けたかったからでもないのだそうです。

「女性にモテたかったからだ」と公言されていました。

「小学生のときは足が速くてモテたのに、途中で太ってきて遅くなってモテなくなった。これはまずい。それなら音楽だ！　とギターを持った」と。

照れ隠しで仰っていたのかもしれませんが、こうした気持ちも実際にあったのだと思います。

それで、いいのではないでしょうか。

最初から高い志などなくてもいい。

走っている途中で、ぼんやりと見えてきて、そのうちに輪郭がくっきりと浮かび上がってくるのです。

私が経済学を学んだ理由は、親が働き者で、和歌山の商店街で毎朝早くから店を開けて、一所懸命働いている姿を見続けたことにあります。

こんなに一所懸命働いているのに、生活が楽にならない。世の中はどこかおかしいのではないか？

それは小さな疑問で、とても個人的なものでした。

しかし、今でもこの原点を忘れないように心がけています。

そしてこれまでもこれからも、私が考え続けていくための代えがたいエンジンなのです。

第3章

考える「型」をつくる

Chapter 3

The way we Think

考えることは、楽しいことです。

1章でも歴史の話を例にお話ししましたが、これまで見えなかった景色が見えてくるような、ワクワクする楽しみがあります。

一方で、考えることは正解のない世の中を歩むための唯一のスキルであり、コンピタントな自分をつくるための生存戦略でもあります。

ここまで読んでくれた方ならば、それを理解いただけたと思います。

次にこの3章では、考えを深めるための実践法について紹介しましょう。

武道に「型」があるように、考え方にもいくつかの「型」があります。

すでにお伝えした「川を上り、海を渡る」もその一つですが、こうした型を意識することで、物事を深く考える力が身につくようになるでしょう。

ぜひ実践してみてください。

考える型
01

「川を上る」

川は上流から下流へと流れます。

その川を下流から上っていくと、いくつもの支流に分かれ、さらに枝分かれしていきます。

川がいくつもの支流に分かれるように、**目の前の課題は、もっと大きな課題（源流）を切り取った一部でしかない**ことがほとんどです。

真の課題、本当の狙い、隠れた本質はどこにあるのか？　それらを探るためには、一度原点に戻るのが一番いいのです。

つまり、川を源流に向かって上っていくのです。

では、一つの例をもとにそれを実践してみましょう。

私がまだ20代だった頃の話ですが、はじめてアメリカにいったとき、最も驚いたことは、宿泊先だったホリデイ・インのバーでは、**「ポテトチップスが無料で食べ放題」**だったことです。

カウンターに座ったら、お通しのようにポテトチップスが置かれて、なくなったらまた出てくる。

「アメリカという国は、なんてすばらしいのだ」と感動しました。

しかし当然、これには裏がありました。

それは何かを考えていきましょう。

――どうして、アメリカのバーではポテトチップスが無料だったのでしょう？

さっそく「川を上り」ます。

そもそも、バーとはなんでしょうか？

来店客にお酒や食べ物を提供して、ときに静かにリラックスして、ときに友と語らってもらう飲食店、ですよね。

では、飲食店は何のために営業しているのでしょう？

「いや、だから来店客にお酒や食べ物を提供して……」

それも正解ですが、飲食店の本質は、飲食を提供することで売上・利益を得る、サービス業のいち形態です。

要は、よりよいサービスを提供することで「売上・利益を最大化する」ことが、バーの本質であり、目的であるわけです。

ちなみに、バーのみならず、飲食店で最も利益率が高いメニューは、圧倒的にアルコール類です。

家で飲むとハイボールでもビールでも安いけれど、お店で飲むとそれなりに高くなります。

調理の手間はほとんどないですから、当然利益率は高いわけです。

次にポテトチップスに目を向けてみましょう。


――ポテトチップスって、そもそもなんですか？


もちろん、じゃがいもを薄く切って、高温の油であげて塩をふったスナック菓子ですね。

今、スナック菓子と当たり前のように言いましたが、スナックの語源を知っていますか？

ここでも「川を上って」みましょう。

スナックは、もともとオランダ語が語源で、「軽食」や「おつまみ」を意味します。

私たち日本人は、スナックというと「お菓子」や「おやつ」のイメージが強いのですが、むしろお酒と一緒に供される、食事ほど重くない食べ物のことを指すのです。

さくっと軽く、何枚でも食べられる上に、塩味がちょうどいいポテトチップスは、まさにビールなどのお酒にぴったりな「スナック」の王道なわけです。

だから、**ポテトチップスを食べれば食べるほど、どんどんお酒が進みます。**

無料ならば、なおさら気兼ねなく食べて、お酒もおかわりしたくなってきます。


もうおわかりですよね。

どうして、ホリデイ・インのバーではポテトチップスが無料だったのか？

それは、客にどんどんポテトチップスを食べてもらうことで、ビールやウイスキーを注文してもらうため。

売上・利益を最大化するために、あえてお酒がすすむポテトチップスを無料にしていたのです。

ポテトチップスを無料にしても、利益率の高いお酒が出るなら、十分モトがとれる。

シンプルだけど、とても堅実な戦略です。


これはポテトチップスの例ですが、**「無料で提供することで、利益を最大化するというなら、うちの業界なら何ができるだろう？」**と考えてみてはどうでしょうか。

一つの例をもとに、他に応用する力も鍛えられるでしょう。

「ポットチップス以外にも、無料にして利益の最大化をはかれるものがあるかもしれない」と考えれば、**発見力**も磨かれそうです。

「そもそも、なんだっけ?」

「もとはといえば、なんだろう?」

一つの疑問をもとに、歴史や、語源、由来などをさかのぼってみることをお勧めします。

考える型
02

「海を渡る」

すでに1章でも少しお話ししましたが、「川を上る」とともにやってほしいのが、「海を渡る」ことです。

これは読んで字の如く、海外にまで視野を広げて、他国や他の地域と比べてみることです。

2020年秋、菅政権が発足してすぐの頃、菅義偉首相が「日本学術会議」の会員の一部の任命を拒否しました。

「学問に対する政治介入だ」

「無知な政治家によるファシズムでしかない」

新聞、テレビ、ウェブサイトなど、ほとんどのメディアはもちろん、SNSなどを通して多くの方々は、これを批判的にとらえました。

しかし、このニュースが出るまで「学術会議」とは何か、ご存知だった方はどれだけいるでしょう？

海を渡る前に、まずは例のごとく「川を上って」みましょう。

日本学術会議は、戦後まもない1949年に、我が国の平和的復興、人類社会の福祉に貢献することを目的に、世界の学会と提携して学術の進歩に寄与することを使命として設立されました。

これは日本学術会議法というものに定められています。またその組織、**メンバーは特別公務員という名の国家公務員として任命されています**。

実は「年間の予算は10億円もある」ことに驚いた人も多いと思いますが、それだけの税金が使われているわけです。

その上で考える型その2、「海を渡る」を実践します。

――海外には学術会議のような組織はあるのでしょうか？

インターネットで調べてもらえばわかりますが、答えはイエスです。

例えばヨーロッパの国々には、科学アカデミーの名門と言われるような団体がいくつも存在し、政府、場合によっては国王から公的に認証を受けている団体もあります。

ただし、**そのほとんどが政府から独立した組織であり、少なくともメンバーは公務員ではありません**。

しかし、民間企業や市民からの寄付に支えられて、それぞれの専門家がそれぞれの豊かな知見を持ち寄って、意義ある政策提言を続けているのです。

ひるがえって日本学術会議はどうでしょうか？

私は政策の専門家ですが、残念ながらこれまで学術会議が提言した政策で評価されているものを知りません。

むしろ、その逆はしばしば見られます。

例えば、有名なところでは、学術会議が提言した「**復興増税**」です。

これは2011年3月11日に起こった東日本大震災からの復興の財源に使うため、特別措置法に基づき、所得税や住民税、法人税に上乗せする形で2012年から順次はじまった増税の仕組みです。

所得税に関しては2013年から25年間、法人税は2012年から2年間、住民税は2014年度から10年間課税するという内容です。

この増税のやり方は、経済学を学んできた私からすると、ちょっと考えられない非常識な施策です。

東日本大震災は**100年に一度の災害**といわれました。それほど被害は甚大なものでした。復興に尽力し、財源を投入するのは、多くの方と同じように私ももちろん賛成です。

しかし、それを短期的な増税で賄うのは明らかに筋違いです。

100年に一度ならば、100年間かけて皆で負担すればいいのです。

また、低成長で経済が停滞している局面の中、大幅な短期増税の実行が、経済活動を縮小させるのは火を見るよりあきらかです。おそらく財務官僚の後押しが強くあったのでしょう。

こうした提言を、税金を使って行っている学術会議とは、本当に必要なものなのでしょうか。

海外の同様な組織と比較することで、問題点が見えてきます。

私はこの「問題提起」こそが、菅首相の真の狙いではないかと考えました。

国民の多くが気づいてすらいなかった、年間10億円の税金を使う集団の存在意義の是非を問いたかったのだと思います。

長く続いた安倍政権から引き継ぎ、「地味」「次へのつなぎ」とまで言われた菅政権ですが、これはなかなかの策士だと、感心するとともに恐ろしさすら感じたものです。


いずれにしても、皆さんは何か疑問を感じたら、川を上るとともに、

「待てよ、これは日本特有の問題なのだろうか」

「アメリカでは、中国では、アフリカではどうだろう？」

「欧米のスタンダードはどうなんだろう？」

と、海を渡って考えてみてください。

視野を広げることで、思考が深まるはずです。

考える型
03

「バルコニーを駆け上がる」

「バルコニーを駆け上がる」とは、リーダーシップ論の権威であるハーバード大学のロナルド・A・ハイフェッツ氏が説いている思考法の一つで、**とくにリーダーが身につけるべき思考**として説明されています。

例えば、肩が触れ合うほど大勢の人でごった返すダンスホールで踊っているとしましょう。演奏するバンドの音楽はすばらしい。照明もいいムードをつくってくれています。

そんな状況で、「今夜は完璧だ！」と思って、フロアで踊り続ける人はリーダーには向かない、とハイフェッツ氏は説きます。

──では、真のリーダーはどうするのか？

フロアを確認した上で、そのままバルコニーに駆け上がるのです。

すると、**上からはホール全体が見える**でしょう。

さっきまで満杯だと思っていたフロアも、上から見るとまばらに空きがあったりするものです。

一部はシラけた雰囲気で、楽しくなさそうな表情をしていたりする。

バンドの演奏も離れて聞いてみると、楽器ごとの音のバランスが悪く、ビートが強すぎることにも気づくかもしれません。

照明ももう少し赤だけではなく、青や白の照明を入れ込んだほうが美しいかもしれない……。

優れたリーダーは、こうしてバルコニーに駆け上がったからこそ見えた修正点を持って、**もう一度フロアに戻ります**。

そして「バンドはここをこう変えよう」「照明は少し青や白も入れよう」「フロアは

こっちが空いていると誘導しよう」など、現場で的確な指示を出すわけです。

よく「現場主義」と言われますが、確かに現場でないとわからないことも多いですが、現場にいるからこそ見えないものがあることを、ハイフェッツ氏はバルコニーを例に指摘したのです。

常に考えている人は、リーダーに限らず、このバルコニーへの駆け上がりを、自然にやっているのです。

考える型
04

「場所を変えて考える」

バルコニーに駆け上がることは、視点を変えることの大切さを気づかせてくれますが、逆に言えば、**視点を変えなければいくら考えてもわからないことも多い**、ということです。

その意味で、移動する、場所を変えるということも、考えを深める上では必要なことと言えるでしょう。

アメリカの大統領は、基本的にはワシントンにあるホワイトハウスで仕事をしますが、大統領専用別荘地のあるメリーランド州のキャンプ・デービッドでしばしば職務を行うことがあります。

気分転換や休息が目的ですが、**場所を変えることでホワイトハウスにいたら気づか**

ない発想が思い浮かぶこともあるでしょう。

ちなみに、キャンプ・デービットでは歴代大統領が外国の要人を招き、外交交渉が行われてきました。

アイゼンハワー大統領と当時ソ連の指導者だったフルシチョフの会談が行われたのも「キャンプ・デービッド会議」でした。

あるいはカーター大統領が、エジプトとイスラエルの緊張関係を解消する三者会談を実現した「キャンプ・デービッド合意」など数多くの決断がここでなされました。

国会も近く、政府のスタッフが大勢揃うホワイトハウスで話をしたほうが、通常は合理的だろうと思います。

しかし、自然豊かなキャンプ・デービッドの地であれば、リラックスして議論することができ、普段はできない話もしやすいでしょう。

トランプ前大統領は2020年のG7サミットもこの地でやるつもりでしたが、新型コロナウイルスで取りやめになりました。

こうした考えはもちろん、ビジネスパーソンにも当てはまります。いい解決策が思いつかない、アイデアが浮かばない、というときは、普段の仕事机から離れて、電車で移動しながら考えるとか、休憩を兼ねて喫茶店に入って考えてみるのもいいでしょう。

目に映る景色が変わり、耳には普段とは違う会話が入ってくる。**環境が変われば、気分も変わり、考えも変わる**ことは皆さんもあるでしょう。

忙しくてそんな余裕はないと思わずに、急がば回れと考えて、あえてゆっくり時間を使ってみるのもいいのではないでしょうか。

考える型
05

「体験してから考える」

百聞は一見に如かず、と言いますが、やはり経験しないとわからないことはありません。

そう言って思い出すのは、日本開発銀行時代の上司だった佐貫利雄さんのことです。佐貫さんは独学で経済学と工学の博士号をとった秀才で、現在は帝京大学名誉教授を務めておられます。

私が20代のとき、佐貫さんは50代でしたから、今は90歳を超えていらっしゃいますが、2019年には『人口減少時代の日本経済――92歳のエコノミストが想うこと――』を出版されています。

銀行時代、佐貫さんの部下だった私は、あるとき佐貫さんに「秋葉原までつきあってくれ」と言われてお供したことがありました。

電気街の秋葉原に何の用があるのだろうと思っていると、佐貫さんは当時発売されたばかりのソニーのウォークマンを購入したのです。

若い人は知らないかもしれませんが、ウォークマンは〝音楽を持ち歩く〟という斬新なコンセプトで発売された音楽プレーヤーで、そのメインターゲットは若者でした。

この製品は、ソニーの名経営者と言われた盛田昭夫さんが開発したもので、ちなみに佐貫さんは盛田さんの友人でもありました。

当時、佐貫さんはすでに50代でした。しかし、若者向けという宣伝文句などどこ吹く風とばかりに、「**勉強になるから買ってみよう**」と言って、ためらいなく購入されたのでした。


その姿は実に格好よく、私は佐貫さんに大切なことを教わった気がしました。

自分の目で見て、触って確かめないと、その良し悪しはわからない。

何歳になっても、現場に足を運んで体験することが大事であると心に刻んだ覚えがあります。

実際に佐貫さんも、ウォークマンを買ったおかげで、ソニーの技術力や当時の若者の志向、これからのテクノロジーの潮流が見えてきたと仰っていました。

「体験して考える」というのも、考える際の正しい態度なのではないかと思うのです。

考える型
06

「書きながら、話しながら考える」

私はニュースなどを読んでいて、「これはおもしろい」「講義で使えそうだ」「私の考えとは違うが、一度しっかり考えてみよう」というものに出会ったら、すぐにメモをします。

スーツの内側のポケットに小さなメモ用紙を常備しておき、すぐにそれを書くようにしています。

そして、そのメモは、あとでときどき見返します。大事なものは、パソコンに打ち直すこともあります。

皆さんもアイデアを思いついたときは、スマホのメモ帳に入力するなどしているでしょう。

ただ、私は**手書き**にこだわっています。「書く」という触感を伴う行為が、五感を刺激して、**脳に記憶として定着しやすくなるとともに、考えるという行為につながりやすい**からです。

考えるという意味では、私はこうしてメモしたネタを、できるだけ誰かに話すようにしています。


「今こんなビジネスプランを考えているんだけれど、どう思う？」

「週末、流行りのレストランに行ってみて気づいたことがあって……」


同僚や友人、家族に雑談がてら、考えている内容を聞いてもらうのです。

「へー、それおもしろいね！」と相手が乗ってきたら、ならばもっと考えてみようと先に進む。

「ふーん、そうかな？」と言われ、その反論に納得したら、その案は没にします。

逆に、強く反対された案は、非常に優れている場合もありますから、決して多数決に従うわけではありません。

これはあまり頻繁にやると、相手に迷惑がかかるので、思いついたことを独り言のようにぶつぶつ言っていることもあります。

ただ、これにも効果があると思っています。

なぜなら、**私が口に出したことを、最初に聞くのは当然、私です。**

頭の中で黙って考えているよりも、口に出したことを聞くことで聴覚が刺激され、思考が深まりやすくなるのです。

さらに、聴覚を通して前頭葉と呼ばれる脳の司令塔とされる部位が活性化され、どんどん思考がめぐりやすくなると考えられます。

『国富論』を著した社会思想家アダム・スミスは、ぶつぶつと考えごとを口に出しながら、歩いて思案することが多かったそうです。

あるときは、パジャマ姿で庭に立っているときによいアイデアが浮かび、そのままぶつくさつぶやきながら10マイルも歩いたときがあったそうです。

10マイルとは、約16kmです。

ちょうど東京駅から羽田空港くらいまでの距離で、4時間ほどは歩いた計算になります。

よほどアイデアが次々に膨らんでいったのでしょう。周りの人に迷惑をかけない程度に、皆さんも試してみてはいかがでしょうか。

つぶやきながら、考えることで思考は深まるはずです。

考える型
07

「基礎を学んでから考える」

関西人の私は、年季の入った阪神タイガースのファンですが、その監督をされていたこともある故・野村克也監督のことは皆さんもご存知でしょう。

「ＩＤ野球」と言われたデータ重視の考える野球で、弱小球団だったヤクルトを優勝に導いた「名将」「知将」として知られています。

その野村監督は、新人の頃、**誰よりも基本をくり返し練習**していたそうです。

昭和の時代の野球選手といえば、試合をしたあとは、銀座やミナミに繰り出すのがお決まりのコースだったようです。

しかし野村監督は、そうした誘いをほとんど断り、選手宿舎の庭で毎日のように「素振り」をしていたそうです。

夜の街に出かける先輩たちから「バットだけ振っていても試合には勝てんぞ」とひやかされても、雨が降ろうと、熱帯夜だろうと、一人で素振りや筋トレを続けました。

そんな努力がある日、実ります。

キャンプ中、いいバッティングをしていたところがコーチ陣の目に止まり、さらに手についた豆まで、二軍監督に「野村の手のマメはすばらしい」と評価されて、練習試合に抜擢。

そして抜群のバッティングと、キャッチャーとして見事な配球を見せ、一軍レギュラーに。

その先の三冠王、歴代2位の本塁打数など、記録と記憶に残る成績につながったのは、皆さんの知るところです。

のちに「知将」となる名監督・野村克也。

そんなノムさんを下支えていたのは、素振りという〝基本練習〟だったのです。

一方、ノムさんならぬ、「永ちゃん」の愛称で知られるロック界のスーパースターといえば、矢沢永吉さんです。

私はかつて日本経済新聞に載っていた矢沢永吉さんの記事が忘れられません。60年代にデビューし、70歳を過ぎた令和の時代にも第一線のロックスターとして活躍する矢沢さんは、アマチュア時代、「ザ・ベース」という名でバンド活動をしていました。

「基礎をバッチリ身につけたいという気持ちがあった。ベースをしっかりしようと考えていたからだそうです。」

「基本」なくして大成なし。

バットの振り方がままならない人間が、三冠王をとれるはずなどありません。音楽の基礎が身についていない人が、半世紀に渡って第一線でロックスターとして輝けることもないでしょう。当たり前のようですが、その大切さを忘れがちでもあると思います。

偉大なお二人とは比べるべくもないですが、私も基本を大切にしています。大学を出て政府系の金融機関に入ってから、簿記をあらためて勉強し、資格を取得しました。簿記は、会計の基礎の基礎です。

また、学生時代に将来は世界で活躍したいと思い、英会話学校に通って英語を勉強しました。

先生に言われて、J・F・ケネディ（第35代アメリカ大統領）の数十分ある大統領演説などを全部覚えました。

どの分野においても、基礎をないがしろにすると、事の本質を理解し大成することはできません。

基礎があっての応用であることは言うまでもないことでしょう。

ただ、よく討論番組などで、経済の基本を知らないのではないかと思うぐらい、不勉強な人にお会いします。

私はその度に大変残念な気持ちになります。

言葉は悪いですが、居酒屋でくだを巻いているのと変わらないレベルのジャーナリストや、アナリストと名乗る人が少なからずいます。よくそれで人のことを批判できるものだと、逆に感心すらします。

人の教養というのは、こういうときに表れるものだと思います。

Thinking:

the best learning method

第 4 章

考える!
実践問題

Chapter 4

Think about what is around you

第3章では、考える際の「型」をお伝えしました。

目の前の事象、課題について、まずどこから考えたらいいのか、どういう順番で思考を進めればいいのか、わからないこともあるでしょう。

そうしたときに、考えるとっかかりのつかみ方や、考えを深める方法を知っていると、どんどん前向きに考えていくことができるはずです。

ここまで読み進めた皆さんは、その基本を理解されたと思いますので、この第4章ではいよいよ実践問題を通じて、考える力を磨いてもらえればと思います。

身近な疑問から今、世間を騒がす時事問題まで、6つの問題を用意しました。早速、取りかかってみましょう。

実践問題 01

なぜ、牛乳パックは四角いのか？

最初は簡単な問題から始めましょう。

スーパーか、あるいはコンビニへ行ったと思ってください。

コーラやオレンジジュースなどの飲み物が、たくさん売られていますよね。

パッケージはほとんどがペットボトルです。

軽くて持ち運びやすく、割れる心配もないプラスチック製のペットボトルは、本当に便利なパッケージだと思います。

今は醤油やみりんなどの調味料も、ほとんどが瓶ではなくペットボトルになっているのではないでしょうか。

ただし、このペットボトルが新たな環境破壊を招いている、との指摘もありますが……。

もう一つ、コンビニやスーパーに必ずある飲み物には、牛乳もありますね。

ところが、この牛乳ってペットボトルに入っていませんよね?

なぜか、わかりますか?

飲み物を入れるのに、とっても便利なペットボトル。

けれど、牛乳は四角い紙パックにほぼ100%入っています。

なぜでしょう?

どうしてペットボトルに入れないのでしょうか?

なぜ牛乳の入れ物は四角で、ジュースは丸いのでしょうか?

3章の「考える型」でお伝えした「**川を上る**」で考えます。

そもそも牛乳とはなにか?

もちろん牛のミルクのことです。私たちにとって、とても大切な栄養素であるカルシウムやタンパク質を多く含むため、全世界の老若男女に古くから飲料として愛されています。

また牛乳を原料としてつくるヨーグルトやバター、チーズなどの加工食品も数多くありますよね。

もう一つ、川を上ります。

ペットボトルと紙パックの違いはなんでしょうか？

「あたりまえだけど、素材でしょ」

そうですね。

ペットボトルは、ポリプロピレンといわれるプラスチック製で、紙パックはそのまま紙でできています。

他に違いはないですか？

「ペットボトルはたいてい透明で、紙パックは違う」

確かに。ジュースなどを入れるペットボトルは透明か、色がついていても半透明です。ですから、中のジュースが透けて見えます。買う側には安心ですし、利点の一つですよね。

あともう一つ、もっとシンプルに大きな違いがないですか？

「形ですね」

はい。ペットボトルはそのほとんどが底が丸い円筒に近い形ですが、牛乳を入れる紙パックは底が四角い立方体です。

実は、この形の差が大きなヒントになるのですが、ここで考える型のその3「**バルコニーを駆け上がる**」を使ってみましょう。少し視座を高めて、抽象度をあげてみるのです。

──底が四角いメリットって何でしょうか？

いかがですか？　底が四角いことのメリットです。

それは、**ムダなく隙間なく並べられること**、です。

牛乳パックは、ムダなく並べられるメリットから、選ばれているのです。

わかりますか？

一度、最初の「川を上る」に戻りましょうか。

牛乳は牛のミルクで、ヨーグルトやバター、チーズの原料にもなると書きました。

牛乳を使った加工品が多いのは、牛乳そのものが「持ち」が悪いからともいえますよね。

牛乳はだいたい常温ではすぐに腐ってしまうからです。


では、ジュースはどうでしょうか？

冷やしたほうが美味しいものが多いですが、スーパーなどでは常温で売られていることもありますよね。

牛乳ならば絶対にないような状況で、ダンボールに入ってどんと売られていたりします。

もうわかりましたよね。

牛乳の入れ物は四角で、ジュースは丸い。その理由は、「**牛乳は常温で保存できず、ずっと冷蔵庫に入れる必要があるから**」です。

ジュースならば、ボトルに入れたあと、そのまま常温で物流に乗せることができ、小売店の倉庫に常温で保管することもできます。

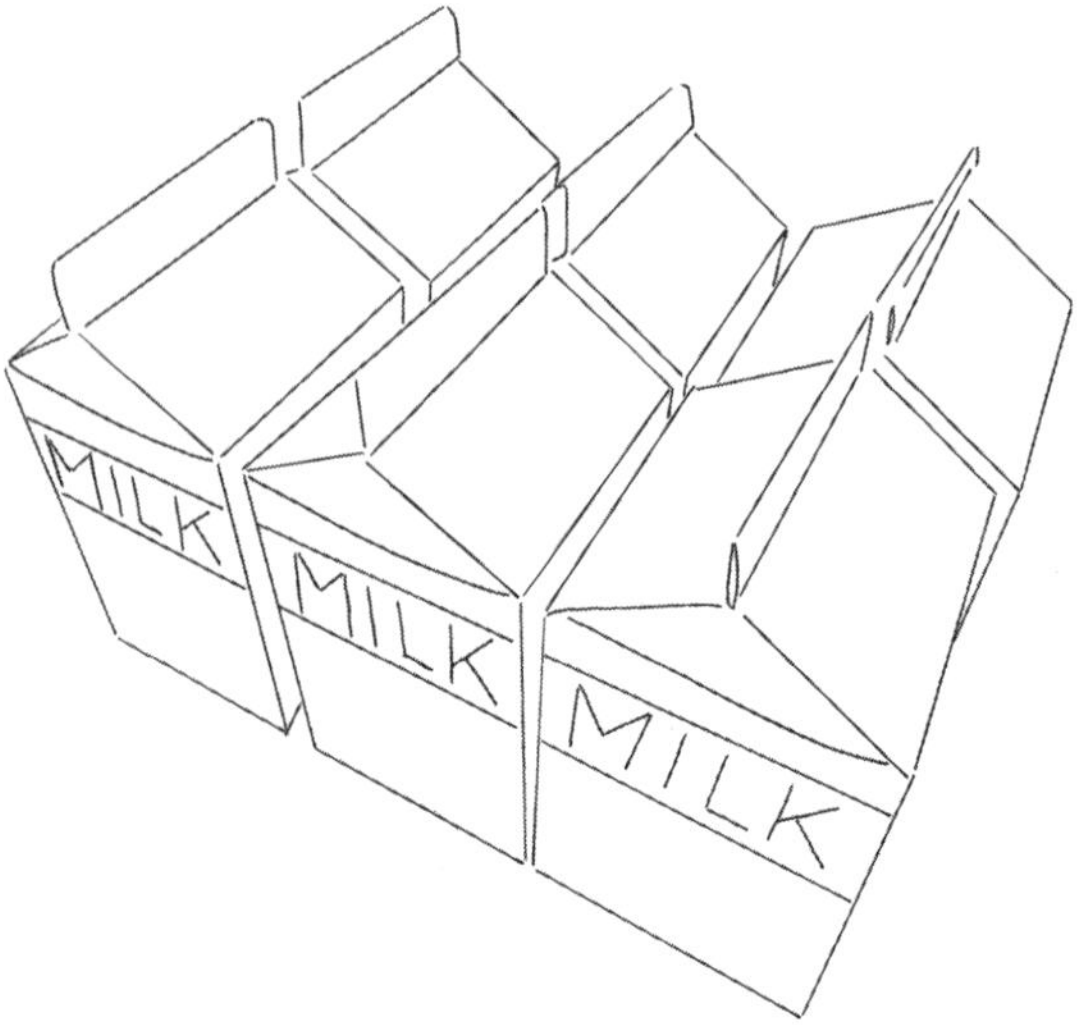

牛乳はとうていムリでしょう。作ったあとすぐに冷蔵庫で保管し、トラックなどで運ぶときも冷蔵トラックに入れる必要があります。常温の売り場に置くなんてもってのほかです。

つまり、「常に冷蔵状態にしておかなければいけない」わけです。

その分、コストがかかりますよね。

常温OKなジュースとは違うので、できるだけムダを省きたい。できるだけ冷蔵庫の中にたくさん牛乳を入れたい。

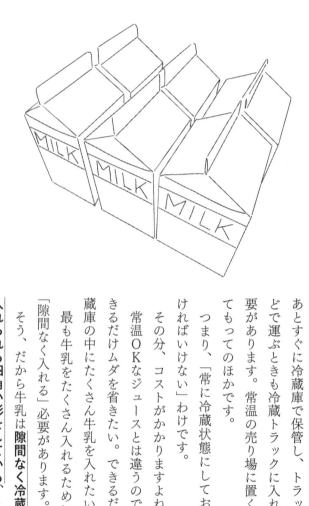

最も牛乳をたくさん入れるためには、「隙間なく入れる」必要があります。

そう、だから牛乳は**隙間なく冷蔵庫に入れられる四角い形をしている**、というわけです。

なるほど！　と思いましたか？

それとも、なあんだ、と拍子抜けされたでしょうか？

はっきり言えることは、すべてのモノや形には意味がある、ということです。「コストを下げたい」「良いものを届けたい」「価値を伝えたい」という理由から、その形をしているのです。

そんな意味や意思に気づけるかどうかで、世の中の見え方が変わってきます。きっと発想も気持ちも、少し豊かになるような気がするのです。

実践問題
02

なぜ、日本はDX（デジタル・トランスフォーメーション）で遅れをとっているのか？

では次は、今の日本の課題について考えてみましょう。

少し前からよく見聞きするようになった言葉に、「DX（デジタル・トランスフォーメーション）」があります。

ご存知のように、ビジネス、教育、生活……など、あらゆるリアルな事象をデジタルに置き換えて、例えばリモートワークやオンライン授業、EC（電子商取引）による買い物体験など異なる次元へと変革、シフトしていこうという考え方のことです。

インターネット、スマホが当たり前の時代になり、さらに今後は高速な5G回線の広まりも予想される中、DXの必要性が説かれています。

加えて、新型コロナウイルスの感染拡大が広がった2020年に、さらにその概念が浸透しました。

ところが、このDXに関して、日本は大きく遅れをとっています。なぜでしょうか？

「海を渡って」考えてみましょう。

スイスのビジネススクールである「国際経営開発研究所（IMD）」の2019年の調査によると、デジタル競争力の国際比較ではアメリカが1位、シンガポールが2位、スウェーデンが3位だそうです。

日本はといえば、23位です。ちょっと恥ずかしくなるような順位ですね。

しかし、お隣の中国ではすさまじい勢いでDXが進んでいます。

衣食住、あらゆるモノやコトが、スマホを通して受発注されています。

そこで得られたGPSと検索などの行動データに基づいて、さらにパーソナライズされた、一人ひとりにぴったりのプロダクトやサービスがお勧めされる仕組みになっている。

支払いもスマホ決済が進んでいるので、実にスマートです。

働き方も当然進化しています。

例えばＩＴ大手のアリババ集団が、リモートワークのためのソフトウエアを1000万社に無償配布した、というニュースがありました。

中国全体の企業数は2200万社ほどと言われています。実にその半分を網羅したわけです。

当然、大手を中心に、自前ですでにリモートワークを推進していた企業もあるでしょうから、その割合は極めて高いと言えるでしょう。

あらためて、日本ではどうか？

とくに中小企業においてリモートワークがなかなか進みませんでした。

東京商工会議所の調査によると、リモートワークを一部でも実施している企業は53・1％です。東京だけでもこの程度なのですから、全国に広げたら、さらに割合が低くなることは必至でしょう。

学校のオンライン授業はどうでしょうか？　一部、積極的にズームなどを使ってオンライン授業を実施した学校もありましたが、公立校を中心に多くの学校が、一斉休校を余儀なくされました。

ここで改めて問い直します。

――どうして日本は他国より、DXで遅れを取っているのでしょうか?

「インフラが整っていないからではないか?」

残念ながら、間違いです。

日本は2011年の時点で、全国の市町村に高速のインターネット網である4G回線が行き渡りました。

今は日本よりもアメリカのほうが回線速度が遅いくらいです。

「ITリテラシーが低い人が多いからではないか?」

それは少しあるでしょう。高齢化が進んでいるため、新しいデバイスを使いたがらない人は他国より多いかもしれません。

しかし、決定打とまではいかないです。日本では89・8%の人がインターネットを使っているという統計があります。

では、ここで「**バルコニーを駆け上がって**」みましょうか。

DXについて考えていたので、デジタルまわりの要因ばかりを見ていましたが、視点を上げると、結局は会社の制度やあり方の議論でもあることに気づきます。

まずは、リモートワークについて考えましょう。

問題は、**労働法制**にあります。

日本の会社の賃金は、多くの場合、労働時間で決められています。するとリモートワークでは、労働時間が測りにくいですよね？

このため、時間ではなく仕事の成果に対して報酬が払われるように、労働の仕組みを見直さなければならないはずなんです。

けれど、それができない。あるいは「したくない」人たちがいるということなのです。つまり「規制」があるからなのです。

学校のオンライン授業も同様です。

文部科学省が学校、学年ごとにどんな教科をどれくらい学ぶかを定めた「指導要領」には、つい最近まで、オンライン授業は標準授業時数、つまり単位に含まれていませんでした。

対面授業でなければ、単位はやらないと定めていたのです。

ここで見えてくるのは、日本の教育、あるいは労働の実態です。

学生や労働者は、先生や役職者によって「管理」「監視」「統制」されるものである――。日本のDXが進まない根底には、そんな前時代的な主従関係が根強く残っていることの証左なのです。

それこそが、日本でDXが進まない根本的な理由というわけです。

裏を返すと、**DXを推し進めることは、こうした古い規制を改革し、古い固定観念を捨て去る**ことにつながります。

これを、菅首相はよくわかっているのだと思います。

菅内閣が組閣した翌日、真っ先にデジタル担当の平井大臣とともに、行政改革担当の河野大臣を官邸に呼んだのです。

これは、文科省が握っているオンライン授業への否定的な意見、あるいは厚労省の一部が持っている古臭い労働観。これらをDXの名のもとで、新しくできるデジタル庁と内閣府の規制・行政改革の両側から変革していこうという意思表示だったと思います。

縦割りの省庁に風穴を開ける。

それこそが、ＤＸの目指すところなのです。

このように考えていくと、テクノロジーの話が、政治、政局の話、あるいは組織論など、広範な場所にまで広がり、意外な〝事実〟にたどり着くことができます。

教養人というのは、そうした考えを積み重ねて導き出した答えを持つ人のことを言うのではないかと思うのです。

実践問題 03

日本でLGBTの認知が広まらないのはなぜか？

LGBTとは、ご存知のように、**レズビアン（女性同性愛者）**、**ゲイ（男性同性愛者）**、**バイセクシャル（両性愛者）**、**トランスジェンダー（性別越境者）**の頭文字をとった言葉で、セクシャルマイノリティと呼ばれる方々のことです。

性的マイノリティ（少数者）と言われますが、電通ダイバーシティラボの調査によると（2015年）、日本におけるLGBTの割合は人口に対して7・6%です。

実に、13人に1人はLGBTということです。

学校のクラスなら3人ぐらいはLGBTの人がいて、会社の部署なら1人ぐらいはいる計算になります。

それだけに、近年、社会的にも徐々に認知されはじめています。

しかし、これまで日本では、彼ら、彼女らの存在が社会的になかなか認められてきませんでした。

ここで考えてみましょう。

──どうして、日本ではLGBTの人への理解が低いのか？

これは、2章で紹介した「**海を渡って**」考えると明白です。

今、世界では29の国と地域が、同性婚を認める法制度を持っています。

日本でも例えば東京の渋谷区や足立区など、市区町村レベルで同性婚を認めるところが出てきていますが、国は未だに認めていません。

2020年にOECDが実施した報告書でも、LGBTに関する法制度の整備において、**日本は35カ国中34位**です。

G7で法整備されていないのは、日本のみでした。

国がLGBTカップルの結婚を認めないことは、**社会が自分たちを認めていない、**

と受け止められ、LGBTの人にとっては大変疎外感を感じるでしょう。

またLGBT以外の人にとっても、「彼らは普通ではない」と考えてしまう温床にすらなります。

事実、ヒューマン・ライツ・ウォッチの調査によると、若いLGBTの86％の人たちが、学校の先生や同級生からLGBTに対する暴言や否定的な言葉をあびせられた経験があるそうです。

そして、実際に暴言を耳にした教師のうち60％はとくに反応せず、18％にいたっては自らも暴言を吐いているというのです。

実に愚かなことです。


こうした差別が日常的にあることは、LGBTの人たちの心をむしばんでいくでしょう。

厚生労働省の調べによると、LGBTの人は、異性愛者と比べてメンタル不調の割合が高い傾向も見られています。

加えてもう一つ、私はＬＧＢＴの方々が疎外感を覚え、メンタル不調になる理由があると考えます。

それは**経済的理由**です。

先に述べたように、ＬＧＢＴの人たちの結婚は法律で認められていません。

しかし、**日本の多くの法制度や労務制度などは、「夫婦」という単位に基づいて設計**されています。

その最たるものは、**相続**です。

夫婦であれば、例えば片方が亡くなったとき、配偶者が法定相続人となります。貯蓄や土地などの資産を、相続できるわけです。

この法定相続人は明確な序列があって、必ず配偶者は最初になります。

その上で、「子ども」が、子どもがいなければ「親」が、両方いない場合は「兄弟姉妹」が相続人になります。

そして、配偶者は１／２の財産を受け取れるようになっています。

しかし、ＬＧＢＴの方々はこれにあてはまりません。**法的な婚姻関係が必須条件**だからです。

いくら長年のパートナーとしてＬＧＢＴのカップルが連れ添ったとしても、片方が亡くなったとき、パートナーは法定相続人になれないのです。

この他にも、会社からは「配偶者手当」や、「扶養手当」といった各種手当てなどもあります。

しかし、すべて法的な結婚が前提ですから、ＬＧＢＴのカップルの多くは、**100以上あるといわれる、世の中の配偶者向けの手当や制度が受けられない**のです。

こうした「社会的差別」と「経済的差別」があることで、日本ではＬＧＢＴの人が追いつめられていくのです。

この実情は、もちろん見過ごしていい問題ではありません。

ＬＧＢＴの方々に対して、差別的な視線を向けていることこそ、「教養がない」と呼ぶべきです。

とくに高齢者に多いのですが、ＬＧＢＴを認めない理由に「**理解できない**」という方がいます。

ある保守派の議員は、はっきりとそう言っていました。

しかしこれはおかしな話で、別に自分が理解できなくていいのです。ただ、認めればいいのではないでしょうか。

なぜなら、**自分が理解できない、わからないことを「認めない」とは傲慢以外のなにものでもない**からです。


「LGBTの多くは結婚せず、子どもも産まないから、生産性が低い。だから認められない。経済合理性から考えてありえない」


そんな愚かな自説を述べる人もいます。

経済合理性をタテにするのであれば、LGBTの法整備を進めないせいで、彼ら、彼女たちを大いに悩ませることになり、うつ病を増やし、自殺者を増やすリスクが高まっています。

それは、医療に対する負担を増やすことに直結するため、むしろ「**LGBTを認め**

ないことのほうが、社会的コストを膨張させる」のではないでしょうか。

私が、この問題に対して強く変革を訴えるのは、私のゼミの卒業生にLGBTの人がいて、本人がまさにこうしたLGBT差別の是正のために先頭に立って活動しているからでもあります。

卒業生を通して、私はLGBTの存在を理解するようになりました。

彼ら、彼女たちと議論して、LGBTの人たちが受ける不当な差別や制度について議論を重ねてきました。

LGBTへの理解が進んでいる海外では、「Do you have a girl friend?（ガールフレンドはいますか?）」と聞いてはいけないそうです。「Do you have a partner?（パートナーはいますか?）」と聞くのが礼儀なのだそうです。

こうした現状を学び、何が正しいか、誤りであるかをしっかり考えられる人は、どこかの議員のように、「私には理解できない」などとは発言しないでしょう。

こうした**失礼な態度を、失礼なことだとわからずにとっていることこそ、教養のなさの表れ**です。

とても恥ずかしいことであるということを、もっと多くの人が気づくべきだと思うのです。

実践問題
04

クルマの給油口は、なぜ左か右に統一されないのか？

DX、LGBTと時事的な話が続きましたので、ここで少し軽いトレーニングをはさみましょう。

マイカーを持っている人や、普段からよくクルマを運転する方ならわかると思いますが、普通のクルマにはガソリンを入れる給油口があります。

しかし、これがメーカーや車種によってバラバラで、車体の右側に付いているクルマもあれば、左側に付いているクルマもあります。

ガソリン自動車の仕組みは、メーカーや車種によって大きく変わることはありません。日本の道路も「左側通行」と道路交通法で定められています。

それならば、**「給油口は右側（または左側）」とルールを統一したほうが、合理的**に思えますよね？

実際、レンタカーを借りたとき、ガソリンスタンドで給油しようとして「あれ、このクルマ、給油口、左だったか、右だったかな……?」と迷った経験がある人も少なくないはずです。

──なぜ、給油口を右か左のどちらかに統一しないのか?

では、いつものように「**川を上り**」ましょう。

自動車の燃料はどこで入れますか?

今は電気で走るＥＶ(電気自動車)も増えましたが、まだ圧倒的にガソリン車が多いですよね。

だから先に述べたように、ガソリンスタンドで定期的に給油する必要があるわけです。このとき、例えば「給油口が右側にしかない」としたらどうでしょう?

給油口が右側から入れやすい側のホースがある給油ポンプに、クルマがずらりと並んでしまいます。

けれど、給油口が右のクルマもあれば左のクルマもある、という具合に、バランスよく混在した状態ならば？

ガソリンスタンドは片方側にクルマが偏ることなく、左右ムダなくクルマが集まります。

皆がスムーズにストレスなく給油でき、ガソリンスタンドもより多く売上げ、利益を上げやすくなる、というわけです。

だから、クルマの給油口は片方に偏っていないのです。

ガソリンスタンドがムダに混雑しないように、利益を最大化できるように、経済合理性にしたがって左右用意しているのです。

この問題は少し考えれば、すぐにわかるはずです。

では、これでは物足りないという人のために、もう少しだけ話を広げてみます。

先ほど、自分のクルマの給油口が右か左のどちらかわからない人もいると言いましたが、実は2000年代前半以降に販売された国内メーカーのクルマには、インパネ(計器盤)にある燃料計の横に「▲」マークが書かれています。

その「▲」の向きのほうに給油口がついているのです。

レンタカーを利用してはじめて乗ったクルマでも、給油口が右か左かひと目でわかるようになっているんですね。

――それではなぜ、「▲」が2000年代前半から採用されたのか?

その少し前、1998年に**セルフ式のガソリンスタンドが解禁されたから**、というのが通説です。

それまでは、ガソリンスタンドの店員さんが、右に左にと誘導して、クルマを給油ホースまで誘導していましたが、セルフ式ではそうはいきません。

そこでメーカー各社が、ドライバーが迷わないように、ひと目で給油口がどちらかわかる仕組みを実装しはじめたわけです。

私たちの生活や暮らしがスムーズ、かつ安心安全にまわるために、**プロダクトのデザインは〝考えて〟つくられています。**

また言葉によるコミュニケーションや、ルールづけなどがなくても、人の心理や行動を美しくコントロールするのが、デザインの力です。

目を凝らすと、こうしたデザインが私たちのまわりには溢れています。

デザインとは決して、見た目がかっこいい形やかわいい形をつくることだけが目的ではないのです。

課題を解決することこそ、デザインの役割なのです。

例を挙げると、よくあるのが飲食店やオフィスにある男子トイレの中に貼られたターゲット（標的）を模したシールです。

「汚さず使ってください」「はずさないでください」などと書かれていることもありますね。

しかし、言葉（文字）で言われるよりも、便器の中に「標的」があると、思わずその的を狙う人は少なくないでしょう。

結果として、トイレをきれいに使う人が増える、というわけです。

何か課題や問題があったら、「デザインで解決できないか」「仕組み化できるのではないか」といった具合に考えることが、ビジネスでもプライベートでも、思わぬ突破口になるかもしれません。

普段からよく考えている人は、こうしたアイデアをあらゆるところから貪欲に得ています。

そして、的をはずさず着想につなげるのです。

実践問題 05

対立するアメリカと中国。日本はどちらにつくべきか？

さて、再び時事的な問題を考えてみましょう。今、世界を引っ張るのはアメリカと中国の2カ国と言ってもいいでしょう。GDPも世界一位と二位です。

両国は、いずれも日本にとって大切な国です。アメリカは最も親密な同盟国ですし、中国は地理的に最も近い、最大の貿易相手国です。

しかし、問題は米中の両国の関係が、ここ最近ずっと芳しくないことです。

例によって「**川を上り**」ましょう。

——米中関係は最近、なぜ悪化しているのでしょうか？

最初のきっかけは2018年でした。当時のトランプ米大統領は、自国の産業を守るために中国に対して、鉄、半導体、ロボットなど、あらゆる中国製品に25%という多額の関税をかけはじめたのです。

これに対抗して、中国も大豆や自動車などアメリカから多く輸入していた製品に対して、25%の関税をかけたのです。

かくして、両国の関税のかけ合いはエスカレートしていきます。アメリカは中国からの輸入品の約半分の製品に関税をかけ、中国はアメリカからの輸入品の70%に関税をかけはじめました。

まさに「**貿易戦争**」と呼ぶにふさわしい状況になったわけです。

けれど、私は単に貿易戦争という段階はとっくに過ぎたと考えています。

もう一度、「川を上り」ましょう。

――そもそもアメリカと中国の最も大きな違いはどこにあるでしょう?

言うまでもなく、**国家体制**です。

アメリカは国家が成立したときから民主主義と自由主義を掲げ、それをもとに世界のリーダーとしての地位を築いてきました。

一方の中国は、中国共産党のトップダウンですべてが決まる、社会主義で国をコントロールしています。

経済に関しては、市場メカニズムも導入していますが、最近は国家資本主義（ステート・キャピタリズム）という言い方がなされます。

国民の自由を保障し、自由な競争を認めるアメリカ型の資本主義と、政府がほとんどすべてを統制する中国の国家資本主義。

いわば正反対の国家体制を持つ両国ですが、アメリカは当初、中国に対して対抗意識をそれほど持っていませんでした。

中国のように人々の自由が制限されている国からは、**世界を先導するようなイノベーションは起こらない。**

アメリカはそう考えていたからです。

ところが、この状況を**第4次産業革命が一変させました。**

蒸気機関が引っ張った**第1次産業革命**。

電力による大量生産を実現した**第2次産業革命**。

そしてパソコンなどのＩＴ技術がもたらした**第3次産業革命**。

それらにつぐ世界経済の大きなパラダイムシフトが、現在進行中の**第4次産業革命**です。


第４次産業革命は、インターネットであらゆるモノやコトが結びつくことからはじまりました。

後押ししたのは、スマホが老若男女すべての人の当たり前のデバイスになったことです。

どこで、誰が、どんな行動をしたか、何を欲しているのか……。スマホに積まれたＧＰＳとインターネットの履歴によって、そうした行動データが精緻にとれるようになりました。

さらに進化したＡＩが、それらのビッグデータを、学習機能を使って高速かつ正確な解、あるいは推論まで導き出せるようになりました。

自動運転やフィンテックなどにも活用されて、これまでとは段違いの利便性やワクワクする体験を私たちに呼び込むようになったのです。

こうして世の中が成熟し、多様化したなかでも、「ほしい人にほしいサービスが届けられる」時代ができつつある。まさしくイノベーションと呼ぶにふさわしい変革が今、進んでいるのです。


この第４次産業革命において、**中国が世界をリードしはじめた**のです。

中国のテクノロジーが最先端を走っているから……ではありません。

13億という世界で最も多い人口を抱える中国は、この13億人分のあらゆるデータ、行動データから属性データをビッグデータとして活用しています。

ＡＩで最適化して、あらゆる公共サービスやビジネスに活用できているのです。

例えば、どこよりも早くシェアサイクルやデリバリーを普及させたのは中国です。

——ではなぜ、中国は世界に先んじて実行できたのか？

答えは社会主義、あるいは国家資本主義という国家体制にあります。

政府のトップダウンによって、**有無を言わせず強権を発動できる体制**が中国にはあります。

それは、ドラスティックに社会の仕組み（インフラ）を変えるには、極めて好都合です。

自由や個人のプライバシーを尊重する資本主義の国々は、国民の行動データを自由に活用するインフラを、トップダウンで実装するのは難しいからです。

しかし、中国にはそれができます。

それゆえに、個人の自由を尊重する自由主義体制では到底成し得ないスピードで、大胆なイノベーションを成し遂げているのです。

しかも人口は13億人。この膨大なビッグデータにＡＩの掛け算をほどこして、どこよりも先行して第４次産業革命をリードしているのです。

一方のアメリカは、少し前まで**GAFA**（グーグル、アップル、フェイスブック、アマゾン・コム）のような巨大企業を次々に生み出しました。

しかし今、それに対抗するような大きな存在感を増しているのは、**BAT**（バイドゥ、アリババ、テンセント）です。これらは、国家資本主義の下で大成長を遂げている中国の企業です。

こうした中国の急成長を、アメリカは大変苦々しく思っており、決して許さないでしょう。

もともと人口の多い中国が、第４次産業革命でさらに前進すると、ＧＤＰもアメリカを抜き去り、軍事力の脅威も高まります。現在のアメリカの覇権を大きく揺るがすのは明らかです。

そこで、貿易不均衡を謳って、アメリカは中国を攻撃しはじめているのです。

ちなみに、トランプ前大統領のときにこの流れは大きく進んだわけですが、**バイデン氏が大統領になっても対中国の路線はそれほど変わらない**と見ています。

元米財務長官のローレンス・サマーズ氏が、バイデン氏の経済政策のアドバイザーであることは知られています。

そのサマーズ氏が、数年前にあるスピーチで「トランプは中国に対して甘すぎた。次の大統領が共和党だろうが民主党だろうが、アメリカは中国に対して厳しい態度をとるだろう」と発言しています。

米中対立の構図はしばらく変わらないと見て、間違いないでしょう。

こうして、アメリカと中国のそもそもの対立構造を踏まえた上で、話を元に戻しましょう。

——日本はアメリカと中国、どちらにつくべきなのか？

結論から言えば、どちらか一方につくべきではありません。

先述しましたが、アメリカは日本にとって大変重要な同盟国です。

安全保障上も、アメリカの核の傘に依存しています。アメリカを抜きにして私たちの安全を守ることができないのは明白な事実です。

日米同盟が日本の外交の基軸であることは間違いありません。

一方で、中国は日本にとって最大の貿易相手国です。

我が国の輸出入では1／4から1／5は中国とのものです。

これほどの大口の取引先である隣人と、仲違いするほど非合理的なことはないでしょう。

では米中の狭間で、日本はどのように立ち回ればいいのか。

日本は、アメリカが自由リベラルワールドオーダー（自由な世界秩序）を世界のルールとして浸透させ、自由貿易やグローバリゼーションを進めたような「**ルールメーカー**」にはなれません。

しかし、アメリカが進めた自由貿易は守りたい。

だから日本は、アメリカのようなルールメーカーではなく、「**ルールシェイパー**」を目指すべきでしょう。

ルールシェイパーとは、ルールをしっかりと整え、守っていくことに尽力する役割のことです。

アメリカが２０１７年にＴＰＰから離脱したとき、日本はこれに追従しませんでした。むしろ中国に気を遣いながら、アメリカを説得しようとする役割を担った。そして、アメリカを除く11カ国で、ＴＰＰ11（ＣＰＴＰＰ）をまとめました。同時に、ＥＵと経済連携協定（ＥＰＡ）を結びました。

日本とＥＵの貿易額は、世界の3～4割ほどを占めると言われます。

日本は、バランスを考えながら、自由貿易のルールシェイパーとしての役割を担おうとしているのです。

外交の世界ではStrategic Ambiguityという言葉があります。

日本語に訳すと、「**戦略的曖昧性**」となります。

米中対立が進む現在、その間にいる日本のとるべき戦略は、この曖昧性にあると私は思います。

先に述べた松下幸之助さんの「**こころに縁側を持つ**」思想に近いかもしれません。

アメリカかそれとも中国か、と白黒をはっきり決めるのは、潔いようですが、リスクの大きい危険な賭けでもあります。

強固な日米関係を基軸としつつも、曖昧さを許容する縁側の思想を、外交においても発揮するのが日本の生き る道だと私は考えます。

もちろん米中は、日本をさまざまな形で取り込もうとするでしょうから、大変難しい問題にも直面するでしょうが……。

実践問題
06

アメリカの株価が上がるとなぜ日本の株価も上がるのか？

アメリカの話が出たので、もう一つこれを考えてみましょう。

２０２０年末は東京証券取引所の株価が大幅に上がりました。

12月29日には、１９９０年8月以来、30年4カ月ぶりの高値となる2万７５６８円を記録しました。

株高の大きな要因として、報道では「**米追加経済対策への期待や、前日の米株高を支えに買い注文が広がったため**」と当たり前のように伝えられました。

よく言われることです。

日本の株価が上がったのは、アメリカのおかげである——。

けれど、この関係はなぜ成立するのでしょうか？

――そもそも、株価がどのように決まるかわかりますか？

「それは、いろいろな要因があるでしょう」

確かにその通りです。では、わかりやすくするために、土地の価格で考えてみましょう。

土地の価値は何で決まるか？

ひと言でいえば「**割引現在価値**」で決まります。

少しわかりにくいですよね。

これは将来にわたって、その土地が生み出す価値を予測して、それを現在受け取ったらどれくらいの価値になるかを算出した価値のことです。

例を挙げて考えてみます。

ある土地を駐車場として貸したとします。

毎月10万円の家賃収入が見込まれます。これを10年続けたら、合計1200万円の家賃収入が入ることになります。

「なるほど、この土地は1200万円の価値があるのか！」と考えるのは早計です。資産の価値というのは、10年以上の将来にわたる収益を全て足して、それを現在であればどのくらいの価値があるかに置き直したものです。

その際、金利や将来に対するリスクを組み込んで、今の価値に「割り引く」ことが必要になります。

金利が高くリスク要因が大きければ、その分割引率は高くなり、現在の価値は小さくなります。

そして割引率が小さければ、資産の現在価値は大きくなるわけです。

金利が上がると株価が下がる、経済危機でリスク要因が高まる場合も株価は下がる、というのも納得いきますよね。

これは株価も基本、同じ仕組みです。会社が将来にわたって生み出す価値の割引現在価値が、株価になります。

では、その上で**「海を渡り」**ましょう。

2020年末でいえば、アメリカの株価が上がった理由は、トランプ氏からバイデン氏に大統領が変わったこと、そのバイデン氏が公約に掲げていた増税を行わないだろうという期待が広がったこと、新型コロナウイルスのワクチンが予想よりも早く認可されたこと。

こうした要因が重なって、アメリカでは株価が上がりました。

「経済がもっとよくなる」→「リスクが小さくなる」→「多くの企業の割引現在価値が上がる」と大勢が期待したわけです。

――しかし、アメリカ経済が良くなったからと言って、それが日本にどんな影響を及ぼすのでしょうか?

こんな声が聞こえてきそうです。まずアメリカの景気が良くなれば、アメリカの個人消費は増えます。すると、アメリカ市場でも高いシェアを持つトヨタなど日本車が売れるでしょう。

トヨタ本体はもちろん、それに関連した部品メーカーや資材メーカーなどの売上・利益が上がるため、「これは儲かるに違いない」と多くの人が期待して、株価が上がるというシンプルな流れがあります。

加えて、今や外国人投資家が日本株をたくさん買っています。アメリカの景気が良くなれば、日本も連動して上がることは予想できるので、彼らの投資マネーが日本株にも多く流れてくる、というわけです。

――でも株に投資していなければ、株価が上がっても関係ないのでは？

そう思うかもしれません。

実際、アメリカに比べ日本では、個人の金融資産における株の割合は低く、株価が上がっても直接的に恩恵を受ける人の割合は低いかもしれません。

しかし、日本の年金はその半分を国内株式と外国株式で運用しており、**株価の上昇は将来私たちが受け取る年金にも直結します。**

さらに、企業の株価が上がれば、株式市場でより多くの資金が調達できるので、企業の財務にも影響を与えます。

給料が上がるということも期待できるわけです。

「外国の景気がどうなろうと、私には関係ない」

「株価が上がって喜んでいるのは、富裕層だけでしょ！」

という具合にとらえて、それ以上深く考えようとしないのは、実にもったいないことです。

実際、このテーマは、大学の授業でも取り上げました。ここで私が説明したことは、学生がその気になればネット上で、30分で調べられます。昔は図書館に一日いないとわかりませんでした。

ですから、要は、**調べる気があるかどうかの問題です**。

「なぜだろう？」「これってどういうことだ？」と疑問に思い、自分で調べた人はどんどん物事を吸収して、考えも深まっていくでしょう。「マイ・ストーリー」を描く力もつきます。

ニュースを見聞きしても、「そんなものか」と素通りして何も調べない人との「考える力」の差は、圧倒的に広がっていくはずです。

実践問題
07

東京オリンピック・パラリンピックは開催すべきか、中止すべきか？

2020年に開催される予定だった東京オリンピック・パラリンピックは、新型コロナウイルスの感染拡大によって2021年への延期が決まりました。

もっとも、2021年1月現在、いまだ新型コロナウイルスの感染拡大はとどまることなく続いています。

果たして、このまま2021年夏に開催すべきか、それとも中止するべきか。世論は二分されているのが現状です。

さて、あなたはこの問題、どう考えていますか？

――東京オリンピックは何が何でも開催すべきでしょうか？

今回は「**2本の川**」を上りましょう。

最初の川はオリンピックです。

東京を主な会場に実施される東京オリンピックですが、**この主催者がどこかわかりますか？**

日本でも、東京でもありません。

あくまで日本は会場となるだけで、国際オリンピック委員会（ＩＯＣ）こそが主催者ですね。

ＩＯＣは各国のオリンピック委員会が集まる国際機関で、組織としてはＮＰＯ団体です。

運営資金は、ご存知のようにオリンピックのテレビ放映権や、莫大なスポンサー収入によって成り立っています。

主催者ですから、中止・開催の決定権は、このＩＯＣが持っています。

東京都や日本政府は、オリンピック開催を誘致した側です。

「ぜひとも東京で開催を！」と、長い期間の誘致活動を通してその資格を獲得したわけです。

そんな**お願いした側から「中止します！」などと発言するのは筋が違う**というもの。そんなことをしたら、ＩＯＣから膨大な賠償金を請求されるでしょう。

――では、肝心のＩＯＣはどう考えているのでしょうか？

会長のバッハ氏を中心に、彼らは一貫して「開催する」と、強気な発言を続けています。

中止したら、莫大な放映権料とスポンサー料が入らなくなるからです。できるかぎり中止を避けるのは、当然の判断です。

今、世界のスポーツがそうしているように、**「観客減」あるいは「無観客」でもやりたいのが本音**でしょう。

それでも放映権とスポンサー料が入るからです。

ただし、２本目の川は、こうした組織の思惑を無視して動いています。

新型コロナウイルスのパンデミックです。

各国がワクチンを認可しはじめたとはいえ、いまだ感染拡大がおさまらない状況が続いています。

むしろ、変異種が増えはじめて、感染率が上がっていることもわかりました。

もちろん、ニュージーランドや台湾のように感染を抑え込んでいる国・地域はありますが、アメリカやイギリスは本当に感染の勢いがとまらない状況です。

こうなると、東京オリンピックの前段階である「予選を実施できるのか」という話になります。

予選ができなければ、無観客であったとしても、開催は難しい状況になります。

日本が欧米各国のようにロックダウンできない事情も、オリンピック開催の足を引っ張る可能性もあります。

ロックダウンできない理由はわかりますよね？

日本は憲法で戦争放棄をしており、結果的に「非常事態」を想定しない社会になっているため、かつての治安維持法や戒厳令に基づいた強権的な法律をもっていないからです。

だからせいぜい「自粛要請」くらいしかできず、最近になってようやくコロナ特措法が一部改正されただけです。

もっとも、「それならば仕方ないよね」と考えるのも、また思考停止だと私は思います。

戦争放棄の原則は維持したまま、ロックダウンのような指示ができる法律を成立させればいいのです。

東日本大震災における原子力発電所の問題もそうでしたが、非常事態になると平時では見えなかったシステムの欠陥が目立つものです。

現在の状況下では、パンデミックで医師が足りない、病床数が足りない、と騒いでいますが、そもそも日本医師会が医学部の新設を許さなかった影響もあるのです。

それを棚に上げて、「このままでは日本の医療が崩壊する」と医師会がコロナ禍に訴えるのは、まったくもっておかしな話です。

オリンピック開催の是非も大切な問題ですが、それによって浮かび上がってきたコロナ禍のガバナンス、日本の医療の構造問題を可視化して、考えて、最適解を見つけ出していかなくてはなりません。

この問題はまさに現在進行形なので、ぜひとも皆さんの考える力を結集して、解決していきたいものです。

Thinking:

the best learning method

第 5 章

考えることをあきらめない

Chapter 5

Never give up Thinking!

2020年は新型コロナウイルスの感染拡大に、世界が翻弄された年でした。

日常生活も、レジャーも、教育も、もちろん経済活動も――。

それまでは自由にできた活動が、感染拡大につながるリスクがあれば「不要不急だ」と名指しされ、活動の自由を制限されるようになりました。

私たちは、いろいろなことをあきらめざるを得なくなったのです。


しかし、だからこそ私たちが積極的にしなければいけないことがあります。

あきらめずに「考える」ことです。


どうすれば、感染拡大を制御できるのか。

どうすれば、感染を抑制しながら経済活動を続けられるか。

どうすれば、医療崩壊を回避して、大勢の人々を救えるのか。


考えなければ、そしてより良き決断と行動につなげなければ、どれも解決できないでしょう。

希望も未来も霞んできて、絶望と断絶だけが拡大していくだけです。

最後の5章では、こうした厳しい時代を乗り越える唯一の手段である「考える」ことをあきらめないために、日頃から考えることを習慣づけるための5つの心構えをお話ししましょう。

01

「考える」を習慣づける

アウェイで勝負する

今、私が最も力を入れている事業のひとつに「竹中平蔵世界塾」があります。

これは高校生を対象に、私が直接指導する次世代グローバルリーダーの養成講座です。世界で活躍する人材を育てるために、講義や討論などを通して、若者たちの思考力や発想力を高めるものです。

高校生向けですが、授業では英語もまじえて、極めてレベルの高い議論をしています。

実はこの世界塾をはじめた理由は、小泉内閣時代に感じた「壁」の存在でした。

2001年4月から2006年10月までのまでの5年半、私は小泉内閣の内閣府特命担当大臣として経済政策を担いました。小泉純一郎総理大臣とともに構造改革を手掛けてきました。

しかし、実現できなかったこともたくさんありました。超えられない壁が確かにあったのです。

あの類まれなリーダーシップとカリスマ性を持つ小泉さんが総理大臣になっても、できることと、できないことがありました。私は**政治家のできることの限界と、社会運営の難しさ**を痛感しました。

だから私は大臣を辞めたときに、今度は一人の社会人として壁を乗り越えたいと思いました。

そんなに大きなことはできませんから、自分の身の回り半径10メートルぐらいの範囲で、直接相手に語りかけて、一緒に社会を変えていきたい、世の中に貢献していきたいと考えたのです。

そうしてつくったのが「竹中平蔵世界塾」でした。

私がこれまで海外で経験し、学んできたことを、「将来はグローバルな舞台で活躍したい」と願う高校生たちに伝え、彼らをエンカレッジ（応援）すると決めたのです。

世界塾では、英語での議論も含めて、思考力や発想力を鍛えています。内容は、この本の冒頭で述べた「マイ・ストーリー」作りに近いものです。

加えて、私が世界塾で伝えているのは「**アウェイで勝負することの大切さ**」です。

わかりやすいのが留学です。言葉も習慣も違う国や地域に飛び込んで、切磋琢磨して勉強する。勝手知ったるホームと異なり、アウェイでの学びは、当然、厳しい戦いになります。

最初は友人や知人も少ない中で、精神的にも肉体的にも鍛えられます。

もちろん、伝えているのは厳しさだけではありません。

勉強の合間には、着飾ってパリやミラノのオペラ座で観劇を楽しむ。タイの市場で人々と歓談する。中国やマレーシアの凄まじい発展を目の当たりにする。こうした心躍る楽しみも、やはりアウェイならではのものです。

そんな話をすると、高校生たちは日本の大学だけではなく、海外の大学でも勉強したいと考えるようになります。そのために自分はこれから何をしなければならないのか、真剣に考えるようになるのです。

もちろん、アウェイとは留学だけに限りません。当然、高校生じゃなくてもいいわけです。

普段から**「アウェイで勝負する」ことを意識するだけでも、十分効果があります。**

例えば、仕事帰りに他の業界の勉強会に参加するのもいいでしょう。

学び直しのために学校に通い直し、リカレント教育を受けるのもいい。

もっと簡単にできることで言えば、普段は読まないジャンルの本に目を通すだけでもいいと思います。

さほど頭を使わなくても思い通りにできるホームを離れて、頭と五感をフル回転しなければならないアウェイの環境に身を投じましょう。そういうチャレンジ精神をいつまでも持ち続けましょう。

それが必ず、あなたの〝考える筋力〟を鍛えることになるのです。

02

「考える」を習慣づける

フェイクニュースに惑わされない

偏向報道が増え、情報を鵜呑みにすることが危険となった。それが今「考える力」を磨くべき理由の一つである、と第1章ですでに述べました。

加えて、現代は「偏向」どころか、**報道の名に値しないようなニュース、ジャーナリズムも蔓延しています。**

改めてこの点について述べたいと思います。

大臣を務めていた頃、私が提言した経済政策に対して、ある自民党議員が「問題があるのではないか」と異議を申し立てたことがありました。私は相手の意見を聞き、こちらの主張を再度伝え、意見をたたかわせました。

翌日、そのことが新聞に報道されました。

経済政策について議論した内容やその問題点を論じているのかと思って見てみると、

紙面に踊ったのは、「竹中平蔵、自民党内からも批判」の文字……。

私は落胆しました。

マスコミ各社の興味は「政局」や「事件」にしかありません。

日本の多くのジャーナリストは、アメリカでいう〝**アンビュランス・チェイサー**〟なのです。

アンビュランスとは、救急車のこと。サイレンが鳴ったら「何か事件だ！」と何も考えずに、それを追いかける事件記者のことです。

日本には政策や提言などの本質を伝える政治記者や経済記者は極めて少なく、大半が政治事件記者、あるいは経済事件記者に成り下がっています。

先に紹介したハーバード大学ニーマン財団のトップの言葉である「大衆から独立する」が実践されていません。

残念ながら、大衆はやはり事件やゴシップが大好きです。

「彼はこんな悪いことをしたのか」「あの人はこんなに儲かっているのか」「この人も不倫したのか……」

こうした話題が好きなのです。

しかし、だからこそジャーナリズムは大衆と距離をとるべきなのです。

視聴者のニーズを聞くよりも、社会に有益な伝えるべきことが他にあるからです。

例えば、国会議員は入閣すると、資産を公開する決まりがあります。

人の財布事情は気になるものですから、目にしたことがある人も多いでしょう。

そして、「〇〇大臣はこんなにお金を持っているのか！」とやっぱり興味をひかれる。ご丁寧に、その資産公開をランキングにしてみせるマスメディアのなんと多いこと か！

これは大衆に迎合した結果、本質を見誤っているわかりやすい例です。

ではまたここで、「川を上り」ましょう。

――そもそも、なぜ大臣になると、資産を公開しなければならないのでしょうか？

大臣職に就くと、大きな権限を手にすることになります。悪意をもって権限を行使すれば、不当な資産形成もできるわけです。

そこで入閣時点の資産をオープンにすることで、その後「どれだけ増えたか」を監視する意味合いがあるのです。つまり公職に就いている間、不当な資産形成がないようにしているのです。

であるならば、入閣時点の資産ランキングなどはどうでもいい話で、**在職期間中にどのように資産が増減したのか**こそ、報道すべきことでしょう。

くれぐれも、大衆ジャーナリズムに踊らされないようにしたいものです。

大衆に迎合するあまり、テレビや新聞、雑誌は誤った情報であるフェイクニュースを垂れ流しています。

私たちはこうしたものに振り回されず、そんな低俗な情報で満足せず、自分の頭で考えて、納得のいく答えを自ら導き出してほしいと思います。

03 対案を出す

「考える」を習慣づける

「さすがだな。小泉らしい、いい答えだ。まったく正しいよ」

以前、ダボス会議の席で、イギリスの前首相であるトニー・ブレアさんと隣り合わせになり、私があるお話をすると、笑いながらそう言われたことがあります。

話は小泉内閣の頃。小泉さんは閣僚の妻たちを集めた食事会を開いたことがありました。首相官邸内のあちらこちらを見学させてくれたそうです。それくらいの歓待でした。

そして食事のとき、御婦人の一人が小泉さんにこんな質問をしたそうです。

「小泉さん、ご自身が一国の最高権力者になった、と感じるのは、どんなときですか?」

なかなか直球の質問ですよね。小泉さんも粋な人だから、「良い質問だなあ」と笑いながら答えたそうです。

「**何を言っても、何をやっても、批判されるときかな**」

これを聞いたブレア前首相が、同じ首相経験者として大いに納得した、というわけです。

総理大臣ではないですが、私にも似た思いがあります。大臣在職中から今にいたるまで、私には批判が集まります。

曰く「あの政策は失策だった」「今の格差社会をつくった張本人だ」といった具合に、まるで私一人の力ですべてを遂行したかのような言いっぷりです。ちなみに、因果関係として、小泉内閣時代、格差は縮小していました。

あまりに多くの批判が集まるので、私はそうした批判を分析、分類してみました。すると、批判というのは、大きく三つのタイプに分かれることに気づきました。

一つ目は「**コントラリアン型**」の批判です。

コントラリアンとは反対派のことで、とにかく人とは反対の意見を言いたがる人です。日銀が金利を上げれば、「中小企業がやっていけない！」と反対する。しかし、金利を下げたら下げたで、「年金生活者はどうするんだ！」と反対。新たな政策を実施すると、「そんなことに貴重な税金を使うな！」と批判。かといって、新しいことをしないと「何のために税金を集めているんだ」と言う。

これは実に考えの浅い、誰でもできる批判スタイルです。

二つ目は「**永遠の真理型**」批判です。

「もっと国民に寄り添わなければダメだ」

「長期的な視点が見えない」

「庶民の目線をもたなければ政治家失格だ」

これらは一見、まことにもっともな意見です。政治家ならば、誰も反論できないでしょう。

しかし、そこから議論は発展しにくく、建設的な意見も出づらい。これも批判のための批判です。

そして最後が「**ラベル貼り型**」の批判です。

「今の若い人は意欲がない」とか「年寄りは頑固だ」とか。いろんな個性があってしかるべきなのに、属性によって一様であるかのように決めつける。

あるいは「あいつは右翼だ」とか「金の亡者だ」などとレッテルを貼った上で、「だからダメだ」と批判してくる。

ちなみに私がよくやられるのは、「竹中は市場原理主義者だ」とか、「アメリカ原理主義だ」といったレッテルによる批判です。

決めつけることで反論を封じ、つまり思考停止にして、聞いている人も、そういう人なんだ、と思って、それ以上考えなくなる。

卑劣なやり方です。

この三つの批判には、共通点があります。

対案がまったくないことです。

そもそも批判すること自体は、そこから新たな議論を巻き起こすので、歓迎すべきことです。

しかし批判しっぱなしで、「だから、どうするべきか」と話を続けなければ、議論になりません。

金利が高くなって中小企業が困るなら、どうすればいいのか？

金利を上げるのは仕方ないけれど、補助を出せということなのか？

長期的な視点がなければダメ、と言うならば、長期的な視点であなたの考えを教えてほしい。

私が市場原理主義者だとしたら、そう批判する根拠は何なのか？　あなたは何を信じて、どんな意見を持っているのか？

「批判」と「対案」はセットであるべきです。批判をして仕事をした気になっている評論家気取りは、百害あって一利なしです。

対案を出せないのは、きちんと考えていない証拠なのです。

04

「考える」を習慣づける

常にユーモアを!

世の中の諸問題に、考えることで立ち向かう。先行き不透明な世界で、考える力を羅針盤とする——。

本書でお伝えしてきたのは、そんなシリアスな内容ですが、常に危機感と緊張感をいだいていたら身が持ちません。いつも眉間にシワを寄せていたら、周りに誰も寄ってこないでしょう。

緊張だけじゃなく緩和を。シリアスの中にもユーモアを。

人生に「オン」と「オフ」の「コントラスト」を描く意味で、ユーモアや笑いを心と言葉にいだきながら、日々を過ごすことも、私は教養ある人のたしなみだと思うのです。

実際、洋の東西を問わず、優れたビジネスパーソン、優れた政治家は、演説や講演をするとき、最初に必ずといっていいほどちょっとしたジョークを入れます。

いわゆる**アイスブレイク**です。

緊張した状態の聴衆に向かって、緩和させるための笑いをいざなう。

ふっと聞き手の肩の力を抜かせることで、すんなりと話を聞いてくれる下地をつくっているのです。まさにコントラストですね。

最近聞いた、コントラストの効いたジョークでおもしろかったものがあります。

ノーベル賞審査委員会からこんなメールが届いたそうです。

「あなたの研究がノーベル賞を受賞した」

「賞金5億円が授与される」

「それに先立って審査料25万円を先に支払ってもらいたい」

「期日までに支払いがない場合は、違約金を頂戴する」

「入金先はココだ」

「スイス銀行・町田支店　普通口座○○○○○」

ノーベル賞で「5億円もの賞金」が出る。

なのに「25万円を支払え」という。

振込先が「スイス銀行」。

なのに「町田支店」です。

町田というのが、実にシブいですね。

コントラストが効いているのです。

この「コントラスト」が大切です。


私は最近、寝る前にユーチューブを20分ほど観ているのですが、最近よく見るのはお笑い芸人の方々のネタです。

私は関西出身なので、もともと上方落語が好きでしたが、今はナイツなど関東の漫才も好きです。

厳しい時代だからこそ、ユーモアを忘れないことが大切だと思います。

張り詰めすぎた糸は切れやすい。

ときに弛ませることが大事なのです。

05

「考える」を習慣づける

視線を未来に向ける

当たり前ですが、私たち人間は、社会の中で生きています。

人と人とのつながりの中で生きています。

逆に言えば、**人は社会の中でしか生きられない**、という弱点を持っています。

社会の仕組みを知り、どうすればもっとよくできるかを考えることは、すなわち自分自身の生き方をよりよいものにすることに等しいのです。

社会の課題を発見して、それを解決することは、あなた自身の課題をクリアにして、生きやすくしていくことに直結するでしょう。

世のなかの問題に関心を持ち、探求していくことの醍醐味がそこにあるのではないでしょうか。

いつまでもそんな社会への興味、自分への関心を胸にいだいて生きていきたいものです。

国会議事堂の横に「憲政記念館」という、議会制民主主義を一般に広めることを目的に建てられた建物があります。

そこには日本の「憲政の父」と呼ばれる政治家、尾崎行雄の銅像が立っていて、彼の偉業が讃えられています。

また記念館には、尾崎が残した言葉が大きく掲げられています。

それが『**人生の本舞台は常に将来に在り**』というもの。

記念館に掲げられた彼のこの言葉は、94歳のときにしたためられたものです。

彼の視線は、**100歳を前にして、まだ未来へ向かっている**わけですね。

人生の本舞台はこれからだ、と胸を踊らせている。

未来を考えることの高揚感、生きる喜びが溢れ出るようです。

むかし、きんさん、ぎんさんという100歳を超えた双子の姉妹がCMなどで引っ張りだこになったことがありました。

急にブレイクしてタレントとして多くの収入を得るようになった彼女たちは、そのギャラのほとんどを貯金していたそうです。

あるテレビ司会者がきんさんとぎんさんに対して、「なんのためにお金を貯めているのですか?」と尋ねたら彼女たちは答えました。

「将来のためよ」

人生の本舞台は、やはり未来にあるのです。

いつだって新しい未来はこれからです。

考える冒険に、終わりはないのです。

Thinking:

the best learning method

おわりに　――人間は考える葦である――

17世紀のフランスの思想家、B・パスカルは、有名な言葉を残しています。

「人間は考える葦である」

人間というのは、一本の葦のように自然のなかでは小さく弱い存在である。しかし、**考えることができるという点に、その偉大さと尊厳がある**のだ――。

私が本書で話をしてきた教養とは、まさにパスカルが言うところの、人間が本来備えている「考える」という行為から出発するものです。

自分の頭で考え、それを周りの人と議論して、考えを深めていく。それをくり返していくことで、私たちは知性と品格を備えた教養人になり得るのでしょう。

か弱い存在である人間に与えられた「考える」という武器を磨くことから、すべては始まるのです。

しかし今の時代、私たちは時間があれば無意識のうちにスマホを手に取り、動画を見たり、ゴシップ記事を読んだり、ザッピングをしながら時間を無為に過ごしてしまいがちです。

もちろん、そこで得られる情報にも一定の価値はあるでしょうが、その時間のほとんどは、**思考停止の状態**であり、自分のなかには何も残らない虚しい時間を過ごしていると言えるのではないでしょうか。

そんなときはぜひ、本書で紹介した「**川を上り、海を渡って**」考えてみてください。

なぜ、所得税ではなく消費税を上げるのか？　それは正しいのか？

どうしてアメリカの株価が上がると日本の株価も上がるのか？

日本は、アメリカと中国のどちらにつくべきか？

なぜ牛乳パックは四角いのか？

こうした問いかけを自分に対してしてしてみるのです。

考え始めると、次々に疑問が湧いてきて、どんどん調べたくなるはずです。

そして、自分のなかで一応の結論に達したとき、皆さんはそれを誰かに伝えたいと思うでしょう。

「自分はこう思うけれど、あなたはどう考える？」

こうした会話ができる友人を持つことも、考えることを続けていく上で必要なことだと思います。まさにソクラテスの対話のように。

切磋琢磨することで、ともに教養を身につけていけたら、それはとても素晴らしいことではないでしょうか。

「自分の頭で考える」ことが習慣になれば、世間の誤った情報操作に踊らされることもなくなるはずです。

ニュースや報道で、識者と言われる人の発言の真意を見抜けるようになるでしょう。この人は見識が広いな、あの人は浅知恵で言っているな、ただ煽りたいだけだな、などと相手の教養の深さ、浅さがわかる。

そのなかから、真に教養のある人の情報だけをピックアップすれば勉強になりますし、そうした教養人の振る舞いを参考にして、さらに自分の知性を磨くことを心掛ければいいでしょう。

私はかつて小泉内閣で大臣を務めていたときに、世間の厳しい批判にさらされたことがありました。

そんなときに、本書でも紹介した歌手の谷村新司さんからこんな応援の言葉をいただきました。

「竹中さん、鳥はね、飛び立つときは、向かい風に向かって飛び立つんだよ」

向かい風じゃないと、浮力が生まれないから飛び立てないわけです。

向かい風——世間からの逆風は、あなたを飛躍するためなのだから、しっかり受けて立ちなさいというメッセージだったのです。

私はこの言葉に勇気づけられ、どうすれば経済の難局を乗り越えられるのか、国民の皆さんの理解を得られるのか、知恵を振り絞って考え続けました。

人生というのは、向かい風のときのほうが多いかもしれません。そんなとき、小さく弱い存在である人間は、ともすれば簡単に吹き飛ばされてしまうでしょう。

しかし、**考えることで踏みとどまり、ピンチをチャンスに変えられる**。私はそう信じています。

この本の出版にあたっては、企画から出版までクロスメディア・パブリッシングの坂口雄一朗さんに大変お世話になりました。また、ライターの箱田髙樹さんには原稿作成から追加・修正など大きなご貢献を頂きました。そして(株)SHAIFの祖父江麻世さんには、校正において多大なご尽力を頂きました。有難うございます。この場を借りて、深く御礼申し上げます。

本書が、皆様が考えることを楽しむ一つのきっかけになれば幸いです。

2021年2月

竹中平蔵

Thinking:
the best
learning
method

【著者略歴】

竹中平蔵（たけなか・へいぞう）

1951年、和歌山県和歌山市生まれ。一橋大学経済学部卒業後、73年日本開発銀行入行。81年に退職後、大蔵省財政金融研究室主任研究官、ハーバード大学客員准教授、慶應義塾大学総合政策学部教授などを経て、2001年より小泉内閣で経済財政政策担当大臣、郵政民営化担当大臣などを歴任。現在、東洋大学グローバル・イノベーション学研究センター長・教授、慶應義塾大学名誉教授、世界経済フォーラム（ダボス会議）理事などを務める。博士（経済学）。
著書に『平成の教訓 改革と愚策の30年』（PHP新書）、『この制御不能な時代を生き抜く経済学』（講談社＋α新書）など多数。

考《かんが》えることこそ教養《きょうよう》である

2021年 3月11日 初版発行

発行 **株式会社クロスメディア・パブリッシング**

発行者 小早川幸一郎

〒151-0051 東京都渋谷区千駄ヶ谷4-20-3 東栄神宮外苑ビル

http://www.cm-publishing.co.jp

■本の内容に関するお問い合わせ先 …………………… TEL (03)5413-3140 ／ FAX (03)5413-3141

発売 **株式会社インプレス**

〒101-0051 東京都千代田区神田神保町一丁目105番地

■乱丁本・落丁本などのお問い合わせ先 ……………… TEL (03)6837-5016 ／ FAX (03)6837-5023

service@impress.co.jp

(受付時間 10:00～12:00、13:00～17:00 土日・祝日を除く)

※古書店で購入されたものについてはお取り替えできません

■書店／販売店のご注文窓口

株式会社インプレス 受注センター ………………………… TEL (048)449-8040 ／ FAX (048)449-8041

株式会社インプレス 出版営業部 ………………………………………………………… TEL (03)6837-4635

カバー・本文デザイン 金澤浩二

本文イラスト わたなべろみ

DTP 鳥越浩太郎

本文構成 箱田髙樹

印刷・製本 中央精版印刷株式会社

ISBN 978-4-295-40508-5 C2034